In You - En Toi

Farida Bouri Mihoub

© Copyright Farida Bouri Mihoub 2021

Published by FlowerPublish

Illustration by Elif K. Keskin

ISBN 978-1-989352-56-4

Flowerpublish
www.flowerpublish.com
Montreal, Canada

Dedication

I dedicate my book *In You* to my mother, Hadja Batoul Bouri

Dédicace

Je dédie mon recueil *En Toi* à ma mère, Hadja Batoul Bouri

Acknowledgements

I wish to first thank my publisher, MaryAnn Hayatian, who trusted me and put up with me. I express my special thanks to Elif K. Keskin, the illustrator of both my books Cosmic and In You and to Med Nadhir Sebaa, for his generosity and insight as the writer, the members of my family for their unconditional support.

I also thank my dear friends, giants, and magicians who gave me wings (by alphabetical order): Idir Amara, Kader Bakou, Pr Abdelouahab Bellou, Reda Boukroufa, Rachid Bouzid, Abdelkader Chabane Sari, Nick Choukair, Pr Nourredine Melikechi, Reda Nissas, Mondher Oueslati, Amghar Mohamed Serghini, Bari Stambouli, Pr Mustapha Yakoubi for being my jackpots and my inspirators. Finally, I thank my friends from the poetry group *Salon Frédérique* on Facebook who welcomed me with kindness.

Remerciements

Je remercie en premier lieu mon éditrice, MaryAnn Hayatian pour sa confiance et pour m'avoir soutenue. Je tiens à remercier tout particulièrement Elif K. Keskin, l'illustratrice de mes deux recueils *Cosmique* et *En Toi* et Med Nadhir Sebaa pour sa générosité et sa rétroaction en qualité de rédacteur de la préface. Je remercie également tous les membres de ma famille pour leur soutien inconditionnel.

Remerciements particuliers à mes amis, géants et magiciens qui m'ont donné des ailes (par ordre alphabétique) : Idir Amara, Kader Bakou, Pr Abdelouahab Bellou, Reda Boukroufa, Rachid Bouzid, Abdelkader Chabane Sari, Nick Choukair, Pr Nourredine Melikechi, Reda Nissas, Mondher Oueslati, Amghar Mohamed Serghini, Bari Stambouli, Pr Mustapha Yakoubi pour avoir été mes jackpots, mes inspirateurs. Je remercie enfin mes amis du groupe de poésie *Salon Frédérique* sur Facebook qui m'ont accueillie avec gentillesse et bonté.

Préface

Farida Bouri Mihoub, poétesse, m'a demandé de bien vouloir préfacer son recueil regroupant 100 poèmes. J 'ai été très sensible à cette marque de considération et j'ai bien entendu aussitôt accepté, tout en sachant que ce choix quelque peu arbitraire était dicté par des motivations fraternelles d'amitié naissante, de respect et de collaboration. De parents Tlemcéniens, descendante d'une lignée qui compte en son sein le grand poète Ibn El Khamis, Farida incarne par son personnage et son œuvre les traits du caractère algérien avec son amour pour la poésie, l'art, sa sincérité et sa recherche d'un idéal humain : « *Je vis entre deux pays, celui où je suis née, celui où je veux mourir, et qui brille comme un saphir.* » Il n'y a rien d'étonnant que dès sa plus tendre enfance, cette poétesse puisse sentir le lien profond qui l'unit à ses semblables omniprésents dans la plupart de ses poèmes. « *Que ce soit sur le quai d'une gare, la nuit ou au petit matin, que ce soit dans un bar, où chacun va et vient, que ce soit sur un boulevard où l'on se donne la main. Nous avons tous un destin qui nous attend quelque part* ». C'est aussi et enfin reconnaitre que les mots de Farida, dictés par une belle muse moricaude ne sont pas un « alcali volatile » quand l'amitié fuse sous sa plume enchanteresse : « *Un ami c'est quelqu'un qui compte dans ta vie, celui qui t'éblouit par sa grandeur, son honneur, son empathie [...]* ». Cette habile rimeuse à la douceur romantique est d'avis que la nature artistique de la poésie et du poète en tant que son usager se manifeste à travers quatre valeurs : humaine, amicale, expressive et communicative. Le besoin de partager des messages de paix, d'amour, de dire ses émotions plurielles, ses ressentis, fait naître « la magie-création » qui consiste à occuper les espaces, à combler le « vide » temporel et spatial entre la versificatrice et ses semblables. Elle devient pour elle cette « clé-sésame » pour mieux comprendre et découvrir les hommes, dans leurs joies, leurs peines, leurs errements et leurs espoirs. Et c'est partagée entre l'illusion, le dilemme et la vie qu'elle écrit : « *Si je devais te parler d'amour, il me faudrait des milliers de jours, si je devais te dire ce qu'il signifie, il me faudrait des dizaines de vies, il est le seul à pouvoir nous aider lorsque le temps nous a frappés, il peut apaiser et guérir tous ceux qui sont là pour souffrir, il est celui que l'on cherche partout jusqu'à en devenir fou, il est celui qui même en silence nous montre combien il est immense, il ressemble à la lune et au soleil et même aux étoiles dans le ciel, il n'a ni commencement ni fin car il représente le bien et le divin, sans lui, nous sommes tous perdus comme dans une voie sans issue.* ». Infini chassé-croisé des mots, ahan céleste, projection fidèle de toute une sensibilité, d'un bouillonnement intérieur de cette "magicienne du verbe" confrontée parfois à la froide matérialité, d'un entourage égoïste, d'un monde artificiel où se conjuguent sécheresse des âmes et fous battements des cœurs, agit sur nous après profonde imprégnation, comme un bonheur révélateur d'une grande leçon que signe la poétesse Farida Bouri Mihoub.

Med Nadhir Sebaa/Ecrivain-Critique/rewriter

Foreword

Farida Bouri Mihoub, poet, asked me to preface her collection of 100 poems. I was very sensitive to this mark of consideration and of course, I immediately accepted, knowing that this somewhat arbitrary choice was imposed by fraternal motivations of friendship, respect and collaboration. Born from Tlemcenian parents, descendant of a lineage which counts in its bosom the great poet Ibn El Khamis, Farida incarnates by her character and her work the features of the Algerian character with her love for poetry, art, her sincerity and her search for a human ideal: "*I live between two countries, the one where I was born, and which makes me dream, the one where I want to die, and which shines like a sapphire.*" It is not surprising that from her earliest childhood, this poetess could feel the deep bond that unites her to her fellow human beings, who are omnipresent in most of her poems: "*Whether it's on the platform of a station, at night or in the morning, whether it's in a bar, where everyone comes and goes, whether it's on a boulevard, where we hold hands [...], we all have a destiny that awaits us somewhere.*" One must also and finally to recognize that the words of Farida, dictated by a beautiful ancient muse are not a "volatile alkali" when friendships fuse under its enchanting pen: "*A friend is someone who matters in your life, the one who dazzles you by his greatness, his honor and his empathy [...]*". According to this skillful rhymer with romantic softness, the artistic nature of poetry, and the poet as its user, manifests itself through four values: human, friendly, expressive and communicative. The need to share messages of peace, love, to say "her plural emotions, her feelings, gives rise to "the magic-creation" that consists in filling spaces, the temporal and spatial "void" between the poet and her fellow men. She becomes this "magic door" to better understand and discover men, in their joys, their sorrows, their wanderings and their hopes. Wavering between illusions, dilemmas and life, she writes: "*If I were to talk about love, It would take me thousands of days, If I were to tell you what it means, I would need dozens of lives, It is the only one that can help us when time has struck us, It can soothe and heal all those who are here to suffer, We look for it everywhere to the point of getting insane, Even in the deepest silence, It shows us it's immense, It looks like the moon and the sun, and even at the stars in the sky, it has no beginning and no end, for it represents the good and the divine, without it we are all adrift, as if on a dead-end street*". Infinite chase-crossing of words, celestial effort, faithful projection of a whole sensitivity, of an interior bubbling of this "magician of words", sometimes faced to the cold materiality of a selfish entourage and an artificial world where are combined the dryness of souls and the wild beats of hearts, which acts on us after deep impregnation, as a revealing happiness of a great lesson signed by the poet Farida Bouri Mihoub.

Med Nadhir Sebaa / Writer-reviewer / rewriter

Table of contents/Table des matières

En Toi	22
In You	23
À deux	24
Together	25
Tout cacher	26
Hide everything	27
Boulevard	28
Boulevard	29
Aller-retour	30
Round trip	31
Ami	32
Friend	33
Atmosphère	34
Atmosphere	35
Au singulier	36
Single	37
Aussi beau qu'un Dieu	38
As handsome as a God	39

Avec toi	40
With you	41
Découverte	42
Discovery	43
Boîte à musique	44
Music box	45
Brouillard	46
Fog	47
Vol plané	48
Gliding	49
Ce que l'on veut	50
What we want	51
Ce soir	52
Tonight	53
C'est quoi ?	54
What is it?	55
Chandelle	56
Candle	57
Conscience	58
Conscience	59

Comme des enfants	60
Like children	61
Deux pays	62
Two countries	63
Dancing Blues	64
Dancing Blues	65
Destin	66
Destiny	67
Donner	68
Giving	69
Encore plus	70
Even more	71
Alchimiste	72
Alchemist	73
Envolée	74
Vanished	75
Éphémère	76
Ephemeral	77
Évasion	78
Escape	79

Devant chez moi	80
Past my house	81
Étoiles	82
Stars	83
Festival	84
Festival	85
Fiesta	86
Fiesta	87
Frisson	88
Thrill	89
Gaia	90
Gaia	91
Grand écart	92
Splits	93
Hippie	94
Hippie	95
Hommes d'exception	96
Exceptional men	97
Jamais	98
Never	99

Harmonie	100
Harmony	101
Invitation	102
Invitation	103
Ivre	104
Drunk	105
Jeux d'enfants	106
Children's games	107
Jolis mots	108
Pretty words	109
La petite maison	110
The little house	111
Là-haut	112
Up there	113
Séparation	114
Separation	115
Le plus beau pays	116
The most beautiful country	117
Le vent	118
The Wind	119

Horloge	120
Clock	121
Les choses de la vie	122
Things of life	123
Les grands	124
Adults	125
Lointain	126
Far away	127
Maintenant	128
Now	129
Manoir	130
Manor	131
Mentor	132
Mentor	133
Milady	134
Milady	135
Millions	136
Millions	137
Mon amie	138
My friend	139

Morceaux de vie	140
Pieces of life	141
Mon tour	142
My turn	143
Message	144
Message	145
Obscurité	146
Darkness	147
On se retrouvera	148
Together again	149
Ordinaire	150
Ordinary	151
Oublié	152
Forgotten	153
Ouvrage	154
Hardcover	155
Paradis	156
Paradise	157
Parle-moi de toi	158
Tell me about you	159

Nul ne sait	160
No one knows	161
Passion	162
Passion	163
Pas impossible	164
Not impossible	165
Passé présent futur	166
Past present future	167
Qui saura	168
Who will know	169
Remue-ménage	170
Commotion	171
Rentre dans mon rêve	172
Enter my dream	173
Rhapsodie	174
Rhapsody	175
Sans toi	176
Without you	177
Si l'amour était là	178
If love were here	179

Victoire	180
Victory	181
Si tu le vois	182
If you see him	183
Sourire	184
Smile	185
Substance	186
Substance	187
Surprise	188
Surprise	189
Tant que tu es là	190
As long as you're here	191
Télescope	192
Telescope	193
Tic-tac	194
Tick-tock	195
Toasts et café	196
Toast and coffee	197
Toujours là	198
Always here	199

Souviens-toi	200
Remember	201
Tout partager	202
Share everything	203
Un peu de prose	204
A little prose	205
Univers	206
Universe	207
Vertiges	208
Vertigo	209
Va-et-vient	210
Back and forth	211
Volons	212
Let's fly	213
Vrai	214
Real	215
Incroyable mais vrai	216
Unbelievable but true	217
Conte de fée	218
Fairy Tale	219

Révolution 220

Revolution 221

En Toi

Tu es celui que je vois
Même quand tu n'es pas là
Obsession

Tu es celui que j'entends
Même quand tu es loin
Imagination

Tu es celui pour qui je pleure
Quand je regarde l'heure
Désolation

Tu es celui qui me manque
Même pendant une étreinte violente
Passion

Tu es celui que je veux
Soyeux et fiévreux
Attraction

Tu es comme un rêve
Qui jamais ne s'achève
Constellation

In You

You are the one I see
Even when you're not here
Obsession

You are the one I hear
Even when you're far away
Imagination

You are the one I cry for
When I count the time
Desolation

You are the one I miss
Even during a violent embrace
Passion

You are the one I want
Silky and feverish
Attraction

You are like a dream
That never ends
Constellation

À deux

On peut tout faire à deux
Sortir même quand il pleut
Inventer des jeux et des vœux
Transformer le noir en bleu
Décider d'être paresseux
Estimer qu'on est chanceux
Avoir un cœur spacieux
Se moquer des gens envieux
Vivre des moments scandaleux
Montrer qu'on est heureux
Se caresser les cheveux
Se regarder dans les yeux
Rire comme des amoureux
Avoir des rêves voluptueux
Crier que c'est miraculeux
Et même remercier Dieu

Together

We can do everything together
Go out even when it rains
Invent games and wishes
Turn black into blue
Decide to be lazy
Consider oneself lucky
Have a big heart
Make fun of envious people
Living outrageous moments
Showing that one is happy
Stroke one's hair
Look into each other's eyes
Laugh like lovers
Have voluptuous dreams
Shout that it is miraculous
And even thank God

Tout cacher

Je peux tout cacher
Oui, je peux cacher
Que je me suis brûlée
Quand j'ai voulu goûter
Que je n'ai pas crié
Lorsque l'on m'a blessée
Que mon cœur s'est brisé
Quand on m'a humiliée
Que mes larmes ont coulé
Quand on m'a oubliée

Mais je ne pourrai jamais cacher
Que mes jambes ont tremblé
Lorsque je t'ai rencontré
Que le Ciel s'est éclairé
Lorsque tu m'as regardée
Que ma voix a balbutié
Lorsque je t'ai parlé
Que mon monde a basculé
Lorsque tu m'as aimée

Hide everything

I can hide everything
Yes, I can hide
That I got burned
When I tried to touch
That I didn't scream
When I was hurt
That my heart broke
When I was humiliated
That tears flowed down
When I was forgotten

But I could never hide
That my legs shook
When I met you
That the sky lit up
When you looked at me
That my voice stammered
When I spoke to you
My world capsized
When you loved me

Boulevard

Que ce soit sur le quai d'une gare
La nuit ou au petit matin
Que ce soit dans un bar
Où chacun va et vient
Que ce soit sur un boulevard
Où l'on se donne la main
Que ce soit dans un pays illusoire
Ou dans celui que l'on connait bien
Que ce soit dans une chambre noire
Ou dans un jardin de jasmin
Que ce soit dans une foule bizarre
Ou assis seul dans son coin
Que ce soit dans un cœur d'ivoire
Ou brisé par le chagrin
Nous avons tous un destin
Qui nous attend quelque part

Boulevard

Whether it's on the platform of a station
At night or in the morning
Whether it's in a bar
Where everyone comes and goes
Whether it's on a boulevard
Where we hold hands
Whether it's in an illusory country
Or in the one we know well
Whether it is in a dark room
Or in a garden of jasmine
Whether in a strange crowd
Or sitting alone in a corner
Whether in an ivory heart
Or broken by grief
We all have a destiny
That awaits us somewhere

Aller-retour

On me dit que tu te balades sans moi
Je me demande où tu vas
As-tu trouvé d'autres bras
Pour te serrer et t'aimer
Mieux que ceux que je t'ai donnés
Et que tu as laissés ?

On me dit que tu es parti loin
En emportant moins que rien
Dans un endroit pas si bien
Y resteras-tu longtemps
Ou juste un petit moment
Aussi furtif que le vent ?

On me dit que tu reviendras
Quand le printemps sera là
Avec ses roses et son lilas
Reviendras-tu me voir
Comme une étoile du soir
Qui soudain redonne l'espoir ?

Round trip

They tell me you're strolling around without me
I wonder where you go
Have you found other arms
To hold you and love you
Better than the ones I gave you
That you left?

They tell me you've gone far away
Taking less than nothing
In a place not so good
Will you stay there long
Or just a little while
As stealthy as the wind?

They tell me you'll be back
When spring comes
With its roses and lilac
Will you come back to me
Like an evening star
That suddenly gives hope.

Ami

Maman c'est quoi un ami ?

Un ami c'est quelqu'un qui compte dans ta vie
Il t'accepte comme tu es avec ou sans soucis
Il te parle simplement avec des mots qui brillent

Un ami c'est quelqu'un qui jamais ne fuit
Même quand tu lui a tout avoué et dit
Et que le jour ressemble à la nuit

Un ami c'est quelqu'un qui jamais ne trahit
Ne ment ou ne fait semblant d'être ébahi
Quand tu échoues ou que tu réussis

Mais surtout, un ami est celui qui t'éblouit
Par sa grandeur, son honneur et son empathie
Car pour toi, il pourrait donner sa vie

Friend

Mom, what is a friend?

A friend is someone who matters in your life
He accepts you as you are with or without worries
He simply talks to you with words that shine

A friend is someone who never runs away
Even when you've told him everything
And that days look like nights

A friend is someone who never betrays
Lies or pretends to be amazed
When you fail or succeed

But above all, a friend is one who dazzles you
By his greatness, his honor and his empathy
Because for you, he could give his life

Atmosphère

Assise à mon bureau
Je pose mon stylo
Et m'arrête un instant
Pour regarder le temps
Il est lent et constant
Il passe comme du vent
D'un pas nonchalant

Comme il est silencieux
Discret et voluptueux
On voudrait bien lui dire
De s'arrêter un peu
Juste pour nous rendre heureux
Mais il n'écoute personne
Car c'est lui qui façonne
Qui sanctionne
Qui ordonne

Atmosphere

Sitting at my desk
I put my pen down
And stop for a moment
To look at the time
It is slow and constant
It passes like the wind
Nonchalantly

How silent, discreet
And voluptuous it is
We would like to ask it
To stop for a while
Just to make us happy
But it doesn't listen to anyone
Because it is the one that shapes
That sanctions
That orders

Au singulier

Toute seule je n'y arriverai pas
Il faut que tu restes avec moi
Pour aider mes petits bras

Toute seule je ne pourrai pas
Réaliser ce pourquoi
Je suis arrivée là

Toute seule qui m'apprendra
Que la vie est une fiesta
Faite d'abracadabras ?

Toute seule qui m'entendra
Si ta voix ne résonne pas
Plus fort que ce brouhaha ?

Toute seule qui me verra
Tes yeux doivent trouver la voie
Qui nous apportera la baraka ?

Toute seule
Qui m'honorera
Qui me chérira
Qui m'aimera ?

Single

I can't make it alone
I need you by my side
To help my poor arms

Alone I won't be able
To realize what I'm here for
And why I got here

All alone who will teach me
That life is a fiesta
Made of abracadabras?

All alone who will hear me
If your voice doesn't sound
Louder than this hubbub?

All alone who will see me
Your eyes must find the way
That will bring us the baraka

All alone
Who will honor me
Who will cherish me
Who will love me?

Aussi beau qu'un Dieu

Je passerai mes doigts dans tes cheveux
Quand tu te dresseras aussi beau qu'un Dieu
Pour me regarder dans les yeux

Je prendrai tes mains entre les miennes
Pour que tu me relèves comme une Reine
Et souffles sur mes douleurs et peines

Tu me mèneras vers la fenêtre
Pour admirer les tapisseries vertes
S'étalant comme une fête

Tu me prendras dans tes bras
Comme un virtuose et sa voix
Et tu me parleras tout bas

Je t'écouterai jusqu'à la nuit
Et quand il n'y aura plus de bruit
Tu me feras tout ce que tu m'as décrit

As handsome as a God

I'll run my fingers through your hair
When you stand up as handsome as a God
To look into my eyes

I'll take your hands between mine
And you'll raise me up like a Queen
And breathe on my pain and sorrow

You will lead me to the window
To admire the green tapestries
Spreading like a feast

You will take me in your arms
Like a virtuoso and his voice
And speak to me softly

I will listen to you until it is dark
And when silence settles
Please do all that you have said

Avec toi

Avec toi, je suis bien
Je n'ai besoin de rien
Avec toi, tout est aérien
Tout est beau et divin
Tu es le clinicien
Qui efface mon chagrin
Tu es mon Titien
Qui sur un tableau me peint
Tu es mon fantassin
Qui illumine mon quotidien
Tu es le Bédouin
Qui éclaire mes lendemains
Tu es le Mandarin
Qui me fait visiter son jardin
Tu es mon châtelain
Qui me sert des festins
Tu es mon un Empereur romain
Beau comme un épicurien
Avec toi je suis bien
Ne va pas trop loin
Car sans toi, je ne suis rien

With you

With you I'm fine
I don't need anything
With you, everything is airy
Everything is beautiful and godly
You are like a clinician
Who erases my pain
You are like a Titian
Who paints me on a canvas
You are like a foot soldier
Who illuminates my days
You are like a Bedouin
Who lights up my tomorrows
You are like a Mandarin
Who shows me his garden
You are like a squire
Who spoils me at lunchtime
You are like a Roman Emperor
Handsome like an epicurean
With you I'm fine
Don't go too far
For without you, I am nothing

Découverte

Avant de te regarder
Je n'avais jamais rien vu
Avant de t'écouter
Je n'avais jamais rien entendu
Avant de te parler
Je n'avais jamais rien prononcé
Avant de t'effleurer
Je n'avais jamais rien touché
Avant de te suivre

Je ne savais pas marcher
Avant de t'écrire
Je ne savais pas lire
Avant de te respecter
Je n'avais jamais rien honoré
Avant de t'aimer
Je n'avais jamais espéré
J'ai tout découvert
Quand tu m'as offert ton univers

Discovery

Before looking at you
I had never seen anything
Before listening to you
I had never heard anything
Before I spoke to you
I had never said anything
Before I caressed you
I had never touched anything
Before I followed you

I didn't know how to walk
Before I wrote to you
I didn't know how to read
Before I respected you
I had never honored anything
Before I loved you
I had never hoped
I discovered everything
When you offered me your world

Boîte à musique

J'ai un cadeau béni
A midi ou à minuit
Il écoute ce que je dis
Et caresse mon esprit

Je lui demande ce qu'il faut faire
Pour qu'il soit heureux et fier
Quand je regarde en l'air
Il m'envoie sa lumière

Heure après heure, il me suit
Car je suis perdue sans lui
Il est mon envie et ma vie
Même la nuit, il m'éblouit

Music box

I have a blessed gift
At noon or at midnight
He listens to my ramblings
And caresses my mind

I ask him what to do
To make him happy and proud
When I look up at the sky
He sends me his light

Hour after hour, he follows me
For I am lost without him
He is my desire and my life
Even at night, he dazzles me

Brouillard

Regarde, nous sommes dans le brouillard
Je porte une lumière pour attraper ton regard
Une robe en étoile dans le noir
Des souliers en perles d'espoir
Des gants de soie aussi blancs que l'ivoire
Mes cheveux s'emmêlent quand il est tard
Dans tes doigts comme s'ils étaient rares
Tout cela pour que tu puisses me voir

Regarde, le brouillard s'est dissipé
Il s'est éclipsé quand tu es arrivé
Il se cache dans un coin de l'éternité
Pour nous épier à travers les nuages cendrés
Il m'a donné une raison de tituber
Quand tu m'as enfin regardée
Comme un tableau de Monet ou Renoir
Tout cela pour que tu puisses me voir

Fog

Look, we are in the fog
I wear a light to catch your eye
A dress in stars in the dark
Shoes made of pearls of hope
Silk gloves as white as ivory
My hair tangles when it's late
In your fingers as if they were rare
Just for you to see me

Look, the fog has lifted
It disappeared when you arrived
It hides in a corner of eternity
To spy on us through the ashen clouds
It gave me a reason to stagger
When you finally looked at me
Like a painting by Monet or Renoir
Just for you to see me

Vol plané

Comme un oiseau blessé
Qui ne peut plus voler
Viens me chercher
Là où je suis tombée

Prends-moi avec douceur
Et réchauffe mon cœur
Tant il a versé
De larmes salées

À flot elles ont coulé
Devant les anges attristés
Qui les ont ramassées
Avec leurs ailes brisées

Recouvre mes plaies
De rayons de soleils
Et demandons au ciel
De nous couvrir d'étincelles

Demain nous volerons
Heureux et vagabonds
Le bonheur dans nos mains
Et l'amour comme notre bien
Notre butin
Notre destin

Gliding

Like a wounded bird
That can't fly anymore
Come and get me
Where I fell

Take me gently
And warm my heart
As so many salty tears
Have been shed

They have flowed in torrents
Before the saddened angels
Who picked them up
With their broken wings

Cover my wounds
With rays of sunlight
And let us ask the sky
To cover us with sparks

Tomorrow we shall fly
Joyful and wandering
Happiness in our hands
And love as our treasure
Our booty
Our destiny

Ce que l'on veut

On a tous besoin d'un peu de bien
Ces petites choses qui ne coûtent rien
Comme une fleur que l'on cueille à deux mains
Ou l'odeur de la rosée du matin

On a tous besoin d'un peu d'espoir
Pour cesser de ne voir que du noir
Et penser que l'on va nulle part
Ou qu'il est déjà trop tard

On a tous besoin d'un peu de lumière
Qui sur notre chemin nous éclaire
Et nous ouvre des horizons plus clairs
Aussi beaux qu'un arc en ciel en l'air

On a tous besoin d'un peu d'amour
Celui d'un jour ou de toujours
Celui qui s'enfuit ou qui accourt
Celui qui frappe avec glamour

What we want

We all need a little good
Those little things that cost nothing
Like a flower picked with both hands
Or the smell of the morning dew

We all need a little hope
To stop seeing only the dark
And think that we are going nowhere
Or that it's already too late

We all need a little light
That illuminates our way
And opens up clearer horizons
As beautiful as a rainbow in the air

We all need a little love
The one of a day or of always
The one that runs away or runs in
The one that hits with glamour

Ce soir

Ce soir, quand je viendrai te voir
En train ou en autocar
Attends-moi même s'il est tard

Je veux que tu te prépares
Que tu ressembles à une rock star
À un barbare ou Pablo Escobar

Tu pourras jouer de la guitare
Porter une chemise en brocart
Et prétendre que nous sommes à Zanzibar

Nous serons comme deux fêtards
Aussi élégants que des stars
Dans leur monde illusoire

Quand je te dirai bonsoir
Approche-toi dans le noir
Et raconte-moi une histoire

Tonight

Tonight, when I come to see you
By train or by bus
Wait for me even if it's late

I want you to get ready
To look like a rock star
A barbarian or Pablo Escobar

You can play the guitar
Wear a shirt with brocade
And pretend we're in Zanzibar

We'll be like two party goers
More elegant than stars
With their illusions afar

When I say good night
Come closer in the dark
And tell me a tale

C'est quoi ?

Maman, c'est quoi le cœur ?

Le cœur c'est celui qui pleure
Et que personne n'entend
Surtout quand il est grand

C'est celui que l'on ne voit pas
Car il se cache en toi
Pour mieux te guider
Et même te faire rêver

Il te parle tout bas
De tes peines, de tes joies
Et te redonne l'espoir
Lorsque tout est noir

C'est lui qui te fait vivre
Qu'il soit sobre ou ivre
Il bat sans s'arrêter
Et donne sans compter

Parfois, la nuit il te réveille
T'envoie des étincelles
Et t'envahit de chaleur
Pour te donner du bonheur

What is it?

Mom, what is the heart?

The heart is the one that cries
And that no one hears
Especially when it is big

It's the one that you can't see
Because it hides in you
To better guide you
And even make you dream

It speaks to you softly
Of your sorrows, of your joys
And gives you hope
When everything is dark

It keeps you alive
Whether it's sober or high
It beats without stopping
And gives without counting

Sometimes at night, it wakes you up
Sends you sparks
And fills you with warmth
To give you happiness

Chandelle

La bougie éclaire la pénombre
Et fait onduler ton ombre
Tu deviens ma lumière
Quand vers moi tes yeux se lèvent

Elle illumine l'obscurité qui plane
Et se transforme en danse persane
Quand sur moi tu poses ton regard
Et que mon cœur s'enflamme

Comme l'étoile qui scintille dans le noir
Je retrouve le bonheur et l'espoir
Dans le silence de tes yeux
Qui brillent de mille feux

Elle illumine le ciel de son aura
Et descend jusque dans ta voix
Quand tu murmures tout bas
Que je suis tout pour toi

Candle

The candle illuminates the darkness
And makes waves with your shadow
You become my light
When your eyes rise

It lightens the hovering darkness
And turns into a Persian dance
When you look at me
While my heart pounds

Like a star that twinkles in the dark
I find happiness and hope
In the silence of your eyes
That shine with a thousand fires

It lights up the sky with its aura
And comes down to your voice
When you whisper softly
That I am yours entirely

Conscience

Tu m'attends en comptant le temps
Je presse le pas, j'ai soif de toi
Patience

Tu fais des va-et-vient de la fenêtre
À la porte, et ne laisse rien paraître
Impatience

Tu sais que bientôt la porte s'ouvrira
Et qu'enfin je serai devant toi
Confiance

Tu te lèveras et te présenteras
Comme le plus beau des rois
Élégance

Tu me prendras et me demanderas
De t'éblouir avec fracas
Silence

Conscience

You wait for me counting the time
I press the step, I want you
Patience

Back and forth from the door to the window
You show nothing
Impatience

You know that soon the door will open
And I'll finally be in front of you
Confidence

You'll rise and come to me
Like the most handsome king
Elegance

You'll hold me and ask me
To dazzle you with a bang
Silence

Comme des enfants

Viens, aimons-nous comme des enfants
Courant cheveux au vent
Avec leurs rires innocents

Faisons des rondes dans le temps
En sautant et en chantant
Pour faire plaisir à nos parents

Embrassons-nous en souriant
Tenons-nous la main tendrement
Donnons vie à nos sentiments

Fuyons le loup et ses grandes dents
Il a dit qu'il voulait tout affreusement
Et qu'il nous mangerait effrontément

Cachons-nous dans un petit coin
Où nous n'aurons besoin de rien
Juste un peu d'eau un peu de pain

Faisons coucou au firmament
Saluons-le comme le plus grand
Viens, aimons-nous comme des enfants

Like children

Come on, let's love each other like children
Running around hair in the wind
With our laughter innocent

Let's make rounds in time
Jumping and singing
To please our parents

Let's kiss and smile
Let's hold hands tenderly
Let's give life to our fancy

Let's run away from the wolf and his big teeth
He said he wanted everything bad
And he'd eat us brazenly

Let's hide in a little corner
Where we won't need anything
Just a little water, a piece of bread

Let's wave to the firmament
Let's greet it as the greatest
Come on, let's love each other like children

Deux pays

Je vis entre deux pays
Celui où je suis né
Et celui où je veux mourir
L'un me manque dans la journée pesante
L'autre me manque dans la nuit insolente
L'un me manque quand il est là
L'autre me manque quand il n'y est pas
Le jour se lève, je pense aux deux
Le soleil se couche, je ferme les yeux

Je vis entre deux pays
Celui où je suis né
Qui me fait rêver
Celui où je veux mourir
Qui brille comme un saphir

Two countries

I live between two countries
The one where I was born
And the one where I want to die
I miss one in the heavy day
I miss the other in the insolent night
I miss one when it's here
I miss the other one when it's not there
The day rises, I think of both
The sun sets, I close my eyes

I live between two countries
The one where I was born
Which makes me dream
The one where I want to die
Which shines like a sapphire

Dancing Blues

Parfois dans ton silence
Je me demande à quoi tu penses
Comme un petit papillon
Je tourne en rond
Et plonge dans tes songes
Pour devenir une idée
Que tu adoptes sans hésiter
Comme un peintre de talent
Je dessine tes rêves en grand
Tu les découvres les yeux ébahis
Devant ces étonnantes allégories
Comme une fantaisie parfaite
Je te propose une fête
Aux couleurs de ton regard
Et au son d'une belle guitare

Parfois dans ton silence
Je succombe et je danse
Seule dans le noir
En serrant ton espoir

Dancing Blues

Sometimes in your silence
I wonder what you're thinking
Like a little butterfly
I go around in circles
And dive into your dreams
To become an idea
That you adopt with no hesitation
Like a talented painter
I draw your dreams in big
You discover them with amazed eyes
In front of these strange allegories
Like a perfect fantasy
I propose you a party
With the colors of your eyes
And the sound of a dizzy guitar

Sometimes in your silence
I succumb and dance
Alone in the dark
Cuddling your hope

Destin

Parfois vous rencontrez quelqu'un
Qui vous fait beaucoup de bien
Juste parce qu'il vous tend la main

Parfois vous regrettez quelqu'un
Qui était hors du commun
Parce qu'il pensait à chacun

Parfois vous pensez à quelqu'un
La veuve ou l'orphelin
Qui n'a presque plus rien

Et vous lisez dans leur destin
Tout ce qui était incertain
Dans un questionnement sans fin

Destiny

Sometimes you meet someone
Who makes you feel good
Just because they reach out to you

Sometimes you miss someone
Who was like no one
Because he thought of everyone

Sometimes you think of someone
A widow or an orphan
Who has lost more than all

And you read in their fate
All that was uncertain
In an endless questioning

Donner

Maman, est-ce vrai que quand on aime
Il faut donner jusqu'à son âme ?

Oui, quand on aime il faut donner
Pas par petit bout, pas à moitié
Pas un peu, pas beaucoup
Il faut donner tout

Maman, c'est quoi donner tout ?

Donner tout, c'est ne rien garder
C'est tout distribuer
Ton regard, ton sourire
Ta joie, tes délires

Maman, à qui je le donne ?

Tu le donnes à celui qui demande
Tu le donnes à celui pour qui tu trembles
Tu le donnes à celui que tu veux garder
Et qui fera n'importe quoi pour t'aimer

Maman, tu m'as tout donné
Cela veut dire que tu m'aimes
Car je te sens en moi
Même quand tu n'es pas là

Giving

Mom, is it true that when you love
You have to give your very soul?

Yes, when you love you have to give
Not a bit, not half
Not a little, not a lot
You have to give everything

Mom, what is giving everything?

To give everything is to keep nothing
It's giving it all away
Your look, your smile
Your joy, your dreams

Mom, to whom do I give it?

You give it to the one who asks
You give it to the one for whom you shiver
You give it to the one you want to keep
And who will do anything to love you

Mom, you gave me everything
That means that you love me
Because I feel you inside me
Even when you are not there

Encore plus

Si je me maquille le matin
C'est pour avoir une mine de satin
Et un sourire qui te fait du bien

Si je mets ma robe de velours
C'est pour être une belle de jour
Et faire partie de ton discours

Si je porte mes talons aiguilles
C'est pour que mes jambes te séduisent
Te réjouissent et te pulvérisent

Si je te tiens par la main
C'est pour guider ton destin
Afin qu'il soit aussi le mien

Si je te dis que tu es mon bonheur absolu
C'est pour ne pas te voir perdu
Pour que tu ne sois jamais vaincu
Et pour que tu m'aimes encore plus

Even more

If I makeup in the morning
It's to have a satin look
And a smile that makes you feel good

If I put on my velvet dress
It's to be your beauty
And a part of your wanderings

If I wear my high heels
It's to have my legs seduce you
Delight and blow you

If I hold your hand
It's to guide your destiny
So that it also becomes mine

If I say you are my absolute joy
It's so that I don't see you lost
So that you'll never be defeated
So that you'll love me even more

Alchimiste

Si ce n'était pas toi,
Comment serais-je celle que je suis ?
Tu as cru en moi
Et jamais tu ne m'as trahie

Depuis ton premier regard
Sur ce quai un peu triste
Je savais que le hasard
M'avait envoyé mon alchimiste

Celui qui a transformé mon histoire
En l'ornant de musique et d'espoir
Avec en filigrane l'absence de mal
Et une abondance de poussière d'étoile

Si ce n'était pas toi
Comment serais-je encore là ?
Je n'aurais jamais connu l'univers
Qu'avec ton cœur tu m'as ouvert
Je n'aurais jamais vu la lumière
Qui sans tes yeux serait restée un mystère

Alchemist

If it weren't you,
How would I be the one I am?
You believed in me
And never betrayed me

Since your first glance
On this sad platform
I knew that chance
Had sent me my alchemist

The one who transformed my story
By adorning it with music and hope
With a watermark of no sorrow
And an abundance of stardust

If it weren't for you
How would I still be here?
I would never have known the universe
That you opened with your heart
Nor would I have seen your light
Which would have remained a mystery

Envolée

Quand je ne serai plus là
J'aimerai qu'on dise de moi
Qu'elle était belle
Cette femme un peu rebelle
Quand on allait chez elle
On devait déposer nos haines
Nos jalousies et nos rancœurs
Devant la porte sur le seuil
Elle avait peur de l'horreur
Du mal et du malheur
Elle inondait sa maison de joie
De sourires et de grâce
Et parlait avec douceur
Même au plus grand des menteurs
Elle soulageait la peine des âmes
Et essuyait leurs larmes
En leur donnant du bonheur
À emporter dans leur cœur
Sans compter
Sans regretter
Juste pour partager

Vanished

When I'm gone
I'd like people to say
She was beautiful
This woman slightly rebellious
When we went to her house
We had to leave our hatred
Our jealousy and resentment
At the front door
She was afraid of horror
Evil and misfortune
She flooded her house with joy
Smiles and grace
And spoke softly
Even to the greatest of liars
She eased the souls' sorrows
And wiped away their tears
Giving them happiness
To carry away in their hearts
Without counting
Without regretting
Just for sharing

Éphémère

Chaque jour qui passe
Me rappelle que tout passe
Que tout est précieux
Même si c'est douloureux

Chaque jour qui passe
Est si court et fugace
Il ne reviendra pas
Il est déjà là-bas

Chaque jour qui passe
Roule et se déplace
Comme un ballon dans le ciel
Qui s'élève et disparait

Chaque jour qui passe
Laisse ses traces
Dans nos yeux
Qu'ils soient noirs ou bleus

Chaque jour qui passe
Est une page
Qui se tourne vers demain
Pour nous emmener loin
Dans un jardin sans fin
Où se mélangent le beau et le bien

Ephemeral

Each day that passes
Reminds me that everything passes
That everything is precious
Even if it's painful

Each day that passes
Is so short and fleeting
It won't come back
It's already far away

Each day that passes
Rolls and moves
Like a balloon in the sky
That rises and disappears

Each day that passes
Leaves its traces
In our eyes
Whether they are black or blue

Each day that passes
Is a page
That turns to tomorrow
That takes us far away
In a garden without end
Where the beautiful and the good blend

Évasion

Assis au bar
Il se fait tard
Whisky ou bière
Tu caresses ton verre
Et tu penses à ta mère
Comme si c'était hier

Tu revois son sourire
Avales un verre de kir
Et repenses à ses mots
Qui te faisaient frémir

Rien n'a été lisse
Même avec le pastis
Que tu remplaçais parfois
Par des paroles factices

Tu écoutes le pianiste
Qui joue un air triste
Tu te lèves lentement
Tu titubes dans tes errements
Tu rentres tout doucement
Et t'écroules soudainement

Escape

Sitting at the bar
It's getting late
Whisky or beer
You caress your glass
And you think of your mother
As if it were yesterday

You see her smile
Swallow a glass of kir
And think of her words
That made you shudder

Nothing has been smooth
Even with the pastis
Which you sometimes replaced
With fake words

You listen to the pianist
Playing a sad tune
You get up gently
You stagger in your wanderings
You come home slowly
And fall asleep suddenly

Devant chez moi

Si tu passes devant chez moi
S'il te plait, arrêtes-toi
Dis-moi si les oliviers sont toujours là
Prend une photo de la véranda
Du jardin et de ses acacias

Dis-moi si les volets fermés
Ne sont pas trop usés
Et si la pluie qui est tombée
N'a pas abîmé la porte d'entrée
Qui toujours t'attendait

Prends la clé sous le paillasson
Et entre dans la maison
Peu importe la saison
Si tu passes devant chez moi
S'il te plait, arrêtes-toi

Past my house

If you go past my house
Please stop
Tell me if the olive trees are still there
Take a picture of the veranda
Of the garden and its acacias

Tell me if the closed shutters
Are not too worn
And if the rain that fell
Hasn't damaged the front door
That never used to close

Take the key under the mat
And enter the house
No matter what the season
If you go past my house
Please stop by

Étoiles

Les étoiles qui brillent dans le ciel
Nous rappellent le monde et ses merveilles
Regarde ! Comme elles scintillent
Pour illuminer l'infini
Elles vivent à des années lumières
Et nous observent sur Terre
Elles nous envoient leurs prières
Pour nous rendre toujours plus fiers
De célébrer leurs anniversaires
Je veux faire partie de leur univers

Me chercheras-tu comme l'une d'entre elles
Choisie au milieu des plus belles
Jusqu'à me regarder là-haut
Dans un extravagant show
Jusqu'à en perdre tes mots ?

Stars

The stars that shine in the sky
Remind us of the world and its wonders
Look at them! How they twinkle
To illuminate the infinite
They live light years away
And observe us on Earth
They send us their prayers
To make us more proud
To celebrate their birthdays
I want to be part of their universe

Will you look for me as one of them
Chosen among the most beautiful
Until you see me up there
In an extravagant show
Until you're lost for words?

Festival

Viens, c'est la fête
Appelons les garçons
Et les fillettes
Mettons-leur des paillettes
Des étoiles dans les cheveux
Et des lumières dans les yeux

Dansons comme des danseurs
Chantons comme des chanteurs
Admirons le ciel étoilé
Pour ne pas oublier
D'attraper le bonheur
Ne regardons pas l'heure
Brillons comme des projecteurs

Viens c'est la fête
Demandons pardon
À tous nos compagnons
Vivons nos aspirations
Montrons notre stupéfaction
Saluons la vie et sa beauté
Pour tout ce qu'elle nous a donné
Pour tout ce qu'elle nous a appris
Pour tout ce qu'elle a écrit
Et qui nous laisse ébahis

Festival

Come on to the festival
Let's call the boys
And the girls
Let's sprinkle them with glitter
Put stars in their hair
And lights in their eyes

Let's dance like dancers
Let's sing like singers
Let's admire the starry sky
So we don't forget
To catch happiness
Let's not look at the time
Let's shine like spotlights

Come on to the festival
Let's aks for forgivenss
To all our companions
Let's live our aspirations
Let's show our amazement
Let's greet life and its beauty
For all it has given us
For all it has taught us
For all it has written
Leaving us amazed

Fiesta

Viens me chercher, n'attends pas
Je te suivrai là où tu iras
Près ou loin, peu importe
Tant que je suis avec toi

Tu pourrais m'emmener au soleil
Sur des rivages couleur merveille
Ou alors près du Ciel
Où tout a un goût de miel

Tu pourrais demander à Dieu
De nous donner son camaïeu
Pour qu'il nous recouvre les yeux
Et nous illuminent de mille feux

Viens me chercher, dépêche-toi
Je suis prête à être à toi
Et à danser comme à Bahia
Sur des airs de samba

Fiesta

Come and get me, don't wait
I'll follow you wherever you go
Near or far, it doesn't matter
As long as I'm with you

You could take me to the sun
To shores of wonder
Or near the sky
Where everything tastes like honey

You could ask God
To give us his cameo
So that it covers our eyes
And illuminates us with a thousand lights

Come and get me, hurry up
I'm ready to be yours
And dance like in Bahia
On the tunes of a samba

Frisson

C'est fou ce que l'amour fait faire
Il vous transporte l'âme légère
Et vous fait planer dans les airs
Comme si vous ne touchiez plus la terre
Il vous fait voyager sans acheter de billet
Et vous emporte vers une destination
Où attendent tendresse et passion

C'est fou ce que l'amour fait faire
On pourrait abandonner ses affaires
Ne plus regarder l'heure
Aveuglés par le bonheur
On pourrait s'oublier dans un train
En transpirant des mains
En bousculant les passagers
En en descendant comme un jeune premier
Sur le quai éblouissant
Timide et titubant
Peureux et balbutiant
Devant celle qui vous attend

Thrill

It's crazy what love can do
It makes your soul high
And you soar through the air
As if you'd never touch the earth again
It makes you travel without a ticket
And takes you to a destination
Where tenderness and passion await

It's amazing what love can do
It makes you forget your affairs
And not look at the time
Blinded by happiness
We could forget ourselves on a train
Hands sweating
Hustling the passengers
Getting off like a young lead
On the dazzling platform
Shy and staggering
Fearful and stammering
Ready to hug the one who is waiting

Gaia

Je ne suis pas encore celle que tu veux que je sois
Ce tout petit je ne sais quoi
Laisse-moi le temps de devenir ta Gaïa
Qui t'observera et t'atteindra
J'aime décrire les sensations
Les coups au cœur et les frissons
Qu'ensemble nous traversons
Je veux apprendre à te parler
Avec les mots dont tu as rêvés
Je veux apprendre à découvrir
Chaque recoin de tes sourires
Je veux apprendre à déchiffrer
Chaque courbe de ton esprit torturé
Je veux te dire que les étoiles
Nous regardent au fond de l'âme
Quand tu me prends la nuit
Et que tout soudainement luit
Comme une rêverie à minuit
Comme une envie de paradis
Comme une litanie bénie
Et un amour qui éblouit

Gaia

I am not yet the one you want me to be
This little je ne sais quoi
Give me time to become your Gaia
Who will observe you and reach you
I like to depict the sensations
The heart beats and shivers
That we experience together
I want to learn to speak to you
With the words you dreamed of
I want to learn to discover
Every corner of your smiles
I want to learn to decipher
Every curve of your tortured mind
I want to tell you that the stars
Watch us in the depths of our souls
When you take me at night
And everything suddenly shines
Like a midnight reverie
Like a desire for paradise
Like a blessed litany
And a love that blinds

Grand écart

Que fais-tu seul dans le noir ?
Dis-moi ce que tu ne veux pas voir ?
Les enfants qui dorment sur le trottoir
À Manille ou à Kandahar ?
Les jeunes qui ressemblent à des vieillards
Tant ils se sont couchés tard ?
Les femmes qui déambulent les yeux hagards
Parce qu'on leur a volé leurs espoirs ?
Les hommes qui ont reçu des coups de poignard
Parfois pour une poignée de dollars ?

Que fais-tu seul dans le noir ?
Viens ! On sort ce soir
Allons au bord du lac
Danser avec grâce sous les acacias
Tu me prendras dans tes bras
Pour me montrer le tempo de tes pas
Sur l'herbe verte couverte des fuchsias
Nous tournerons avec fracas
En tentant de faire le grand écart
Pour ne plus jamais rester dans le noir

Splits

What are you doing alone in the dark?
Tell me what you don't want to see?
Children sleeping in the streets
In Manila or Kandahar?
Young people who look like old men
For having slept too late?
Wandering women with their eyes glazed
Because they hopes were stolen?
Men who were stabbed
Sometimes for a handful of dollars?

What are you doing alone in the dark?
Come on! Let's go out tonight
Let's go to the lake
And dance gracefully under the acacias
You'll take me in your arms
To show you me the tempo of your steps
On the fuchsia covered grass
We'll turn with a bang
Trying to do splits
To never stay in the dark again

Hippie

Souviens-toi
Lorsque nous dormions à 5 heures du matin
Alors qu'on travaillait le lendemain
Nous n'avions pas grand-chose
Mais notre vie était rose
Nous n'avions besoin de rien
Nous préparions notre propre pain
Nos meubles étaient faits de nos mains

Souviens-toi
De nos soirées émerveillées
Où chaque instant était rêvé
On ne chantait pas pour oublier
Mais plutôt pour célébrer
Aujourd'hui et demain
Et prier qu'en se donnant la main
On ne ferait que du bien

Souviens-toi
Nos cheveux longs
Nos tailles mannequin
Nos jeans délavés
Nos tenues débraillées
Nos yeux écarquillés
Et notre rêve éveillé
De tout partager

Hippie

Remember
When we used to sleep 5 am
And go to work at 9 am
We didn't have much
But our life was rosy
We didn't need anything
We baked our own bread
And made our own beds

Remember
Our evenings of wonder
Where every moment was dreamed
We didn't sing to forget
But to celebrate
Today and tomorrow
And pray that if we joined hands
We'd do nothing but good

Remember
Our long hair
Our model sizes
Our faded jeans
Our sloppy clothes
Our bewildered eyes
And our daydreams
To share everything

Hommes d'exception

J'ai connu des hommes exceptionnels
Venus d'un pays aux couleurs Ciel
Ils étaient beaux et courageux
Tendres, fiers et fougueux

Ils m'ont bouleversée avec leurs mots
Et m'ont appris ce qu'était le beau
Ils m'ont fait rêver comme dans les contes
Ceux qui sont remplis d'histoires sans honte

Ils ont défendu leurs idées et leurs missions
Et se sont battus pour protéger leur Nation
Sans faire de mal et pour répandre le bien
Ici et là et à chaque rond-point

J'ai connu ces hommes d'exception
Je les ai aimés avec passion
Talentueux comme des Phéniciens
C'est juste dommage qu'ils soient si loin

Exceptional men

I have known exceptional men
Coming from a country with sky colors
They were handsome and brave
Tender, proud and fiery

They moved me with their words
And taught me what beauty was
They made me dream like in fairy tales
Filled with stories without shame

They stood up for their ideas and their missions
And fought to protect their Nation
Without doing harm and to spread the good
Here and there and at every crossroad

I have known these exceptional men
I have loved them with passion
Talented as Phoenicians
It's a pity that they are so far away

Jamais

Je n'ai jamais pensé
Que tes bras seraient pour moi
Quand on s'est rencontré
Dans ce petit bar

Je n'ai jamais pensé
Que tes mots me berceraient
Quand tu m'as demandé
Qui j'étais

Je n'ai jamais pensé
Que tes mains me caresseraient
Lorsque je les ai serrées
Ce joli mois de mai

Je n'ai jamais pensé
Que tes yeux seraient mon rêve
Lorsque tu m'as regardée
Comme si j'étais une fée

Je n'ai jamais pensé
Que notre amour grandirait
Lorsque tu as murmuré
Ne me quitte jamais

Never

I never thought
Your arms would be for me
When we met
In that small café

I never though
Your words would rock me
When you asked me
Who i was

I never thought
Your hands would caress me
When we greeted them
That lovely month of May

I never thought
Your eyes would be my dream
When you looked at me
As if I were a fairy

I never thought
Our love would grow
When you whispered
Never leave me

Harmonie

Chaque chose a sa place
Alors que les jours passent
Le soleil se lève toujours à l'est
Et la lune éblouit par sa noblesse
Ces deux ne se rencontreront jamais
Même si on les suppliait
Comme les larmes de nos yeux
Qui coulent telles un fil soyeux
Et s'écrasent dans nos mains
En façonnant nos destins

Et pourtant le soleil et la lune
Ne sont jamais à la une
Ils ne font pas la guerre
Ils voyagent en solitaire
Ils ne haussent jamais le ton
Ni ne prennent de bâton
Ils ne seront jamais ennemis
Ni n'utiliseront de fusil
Ils ont choisi la perfection
Au lieu de la compétition

Pourquoi ne pas leur ressembler
Et poursuivre notre chemin avec sérénité
Comme dans une charmante balade
Au lieu de tomber dans un champ de bataille
Mais voilà que la nuit tombe
Et que la lune ressemble à une Joconde
Il est temps d'aller se coucher
Et de rêver d'un monde de beauté
Où chacun jouit de la paix
Sans haine et sans rivalité
En attendant le soleil se lever

Harmony

Everything has its place
As days go by
The sun always rises in the east
And the moon dazzles with its nobility
These two will never meet
Even if we begged them to
Like the tears in our eyes
That flow like a silky thread
And crush in our hands
Shaping our destinies

And yet the sun and the moon
Are never on the front page
They don't make war
They travel alone
They never raise their voices
Nor take a stick
They will never be enemies
Nor will they use a gun
They've chosen perfection
Instead of competition

Why not be like them
And go on our way with serenity
Like in a lovely walk and reverie
Instead of falling into a battlefield
But, now the night is falling
And the moon looks like a Mona Lisa
It's time to go to bed
And dream of a world of beauty
Where everyone enjoys peace
Without hatred nor rivalry
While waiting for the sun to rise

Invitation

J'ai reçu une invitation au bonheur
Je l'ai lue pendant des heures
On y décrivait les invités
Il y avait l'amour et la beauté
On y décrivait les journées
Il y avait la paix et la sérénité
On y décrivait les soirées
Il y avait la joie et la gaité
On y décrivait les nuits
Il y avait la sensualité et la volupté
On y décrivait le matin
Un réveil en liberté
J'ai pris l'invitation au bonheur
Et l'ai serrée contre mon cœur
Dieu ! Comme elle était belle !
Elle promettait l'éternel

Invitation

I received an invitation to happiness
I read it for hours
It described the guests
There was love and beauty
It described the days
There was peace and serenity
It described the evenings
There was joy and merriment
It described the nights
There was sensuality and voluptuousness
It described the morning
An awakening in freedom
I took the invitation to happiness
And held it against my heart
God! How beautiful it was!
It promised the eternal

Ivre

Je n'oublierai jamais ce petit homme
Qui noyait ses pensées dans l'alcool
Quand il repensait à son petit port
Dans son pays au Nord
Et que tremblait tout son corps
Sous le poids des remords
Il colportait sa tristesse
De bar en bar dans une fausse allégresse
Où l'on pouvait entrevoir sa détresse
Le jour, il déambulait sur les pavés
Devant les enfants apeurés
La nuit, il parlait seul dans les rues désertées
Et se cognait contre des portes fermées
Parfois ses voisins le sermonnaient
Et honteusement il s'excusait
Quand il rentrait chez lui
C'était toujours après minuit
Quand les amoureux sont au lit
Quand les caresses sont sans bruit
Quand l'amour éblouit
Et que commence la féérie

Drunk

I will never forget this little man
Who drowned his thoughts in alcohol
When he thought of his little port
In his country in the north
And his whole body trembled
Under the weight of remorse
He peddled his sadness
From bar to bar in a false joy
Where we could guess his distress
During the day, he strolled on the cobblestones
In front of frightened children
At night, he talked alone in the deserted streets
And banged against closed doors
Sometimes his neighbors would lecture him
And shamefully he would apologize
When he'd go home
It was always after midnight
When lovers are in bed
When caresses are silent
When love dazzles
And enchantment starts

Jeux d'enfants

Viens redevenons des enfants
Tournons en rond et oublions les grands
Sautons à pieds joints dans notre marelle
Et tentons de toucher le ciel

Lançons des flèches avec nos arbalètes
Et visons l'horizon et ses planètes
Faisons rouler nos billes
Jusqu'au soleil qui brille

Prenons nos cordes à sauter
Pour enlacer la liberté
Montons sur la balançoire
Pour un va-et-vient plein d'histoires

Jouons aux cowboys et aux Indiens
Et appelons les magiciens
Pour qu'ils dessinent notre destin
À cheval sur des nuages saturniens

Jouons à cache-cache
Avec grâce et panache
Et le premier qui me trouvera
Portera une couronne de Roi

Viens, redevenons des enfants
Chantons sous la pluie battante
En faisant des claquettes
Pour que rien ne nous arrête
Que personne ne nous maltraite
Et que notre vie soit une fête

Children's games

Let's become children again
Let's make rounds and forget about grown-ups
Let's jump with both feet in our hopscotch
And try to touch the sky

Let's shoot arrows with our crossbows
And aim at the horizon and its planets
Let's our marbles roll and run
Towards the shining sun

Let's take our skipping ropes
To embrace freedom
Let's get on the swing
For a ride full of stories

Let's play cowboys and Indians
And call the magicians
So that they draw our destiny
Straddling on saturnine clouds

Let's play hide and seek
With grace and panache
And the first one to find me
Will wear a king's crown

Come, let's be children again
Let's sing in the pouring rain
And tap dance around
So nothing can stop us
No one can mistreat us
And may our life be a party

Jolis mots

Les mots ne sont pas que des mots
Ils peuvent exprimer le plus beau
Mais également le pire et le vil

Les mots sont nos amis
Et deviennent parfois nos ennemis
Lorsqu'ils sont dits sans modestie

Ils peuvent être sublimes
Lorsqu'ils atteignent des cimes
Et nous laissent pensifs

Moi j'aime les mots que tu dis
Ceux que tu décores avec galanterie
Et que tu m'offres en catimini

J'aime les mots que je lis
Dont la beauté subtile
Est cachée avec style

Ils sont doux comme du velours
Résonnent comme un tambour
Et font des allers-retours
Pour renforcer notre amour

Pretty words

Words are not just words
They can express the most beautiful
But also the worst and the vilest

Words are our friends
They sometimes become our enemies
When they are said without modesty

They can be sublime
When they reach the top
And leave us pensive

I like the words you say
Those that you decorate with gallantry
And that you offer me secretly

I love the words that I read
Whose subtle beauty
Is hidden with style

They are soft as velvet
Sound like a drum
And go back and forth
To reinforce our love

La petite maison

Dans la petite maison en haut de la colline
On entendait des chansons malgré le champ de ruines
Les enfants couraient pieds nus sous le soleil
Ils jouaient comme Alice au pays des merveilles
Sous les yeux de leurs parents fatigués et soucieux
De leur avenir dans ce monde sans bleu
Les petites chambres étaient chargées d'objets
Qui avaient tous leur utilité
Malgré le manque de place
Les cœurs avaient plein d'espace
Car à l'intérieur, il n'y avait ni mur
Ni barrière ni clôture
Ils étaient ouverts à tous
À toi, à moi, à nous
Et donnaient sans compter
Juste pour battre et aimer

The little house

In the little house on top of the hill
Songs could be heard in spite of the surrounding ruins
The children ran barefoot under the sun
They played like Alice in Wonderland
Under the eyes of their tired parents
Worried of their future in this blue-less world
The little rooms were full of objects
Which all had their use
Despite the lack of room
The hearts had plenty of space
For inside there were no walls
No barriers or fences
They were open to all
To you, to me, to us
And gave without counting
Just to beat and love

Là-haut

Quand je regarde les étoiles
Je me demande si elles me parlent
Quand je regarde le soleil
Je me demande s'il est réel
Quand je regarde la lune
Je m'imagine dans sa bulle
Quand je regarde les nuages
Je vois des millions d'images
Avec des drôles de personnages
Qui naviguent et qui voyagent
Je me demande où ils vont
Et ce qu'ils deviendront
Une fois qu'ils rejoindront
Ce que jamais nous ne voyons
Mais surtout, quand je pense à toi
Je me demande si tu entends ma voix
Si tu viendras et me répondras
Lorsque j'aurai besoin de toi

Up there

When I look at the stars
I wonder if they talk to me
When I look at the sun
I wonder if it's real
When I look at the moon
I imagine myself in its bubble
When I look at the clouds
I see millions of images
With strange characters
Who sail and travel
I wonder where they go
And what will become of them
Once they reach
What we never see
But mostly when I think of you
I wonder if you hear my voice
If you will come and answer me
When I need you

Séparation

Le jour où nous nous sommes dits oui
On pensait que c'était pour la vie
La fête avait duré des jours
Avec tams-tams et tambours
Les femmes vêtues de robes dorées
Avaient ri, dansé et chanté
Dans la joie et la gaité

Nous voilà aujourd'hui séparés
La fête s'est brusquement arrêtée
Les tambours se sont tus
Les femmes ne rient plus
Les robes dorées sont rangées
Jusqu'à la prochaine soirée
Et moi, je regarde ce passé
En pensant aux années
Où tu étais tout pour moi
Plus beau qu'un Roi
Plus grand qu'un géant
Plus fort qu'un Titan

Separation

The day we said yes
We thought it would be forever
The party had lasted days
With tam-tams and drums
Women in golden dresses
Laughed, danced and sang
In joy and gaiety

Now, we are separated
The party has come to an end
The drums are silent
The women no longer laugh
The golden dresses are put away
Until the next party
And I look at the past
Thinking of the years
When you meant everything to me
More handsome than a King
Taller than a giant
Stronger than a Titan

Le plus beau pays

Nos parents sont morts pour toi
Nos héros se sont sacrifiés pour toi
Nos larmes ont coulé pour toi

Tu nous appartiens maintenant et demain
Jamais nous ne lâcherons ta main
Car tu es notre plus précieux bien

Combien de fois on s'est caché pour te pleurer
Combien de fois notre cœur a saigné et brûlé
Juste parce que tu étais loin et à côté

Je ne veux pas que mon désert
Se transforme en terrain de guerre
Je ne veux pas que mes dunes de sable
Deviennent des cimetières impensables
Je ne veux pas que mes montagnes verdoyantes
Soient les témoins d'une fin agonisante
Et que mes belles plages couleur azur
Perdent leur somptueuse parure

Si je te dis tout cela c'est parce que l'on t'aime
Tu es gravé dans nos âmes et notre ADN
Jamais nous ne laisserons la haine
S'installer sur tes couchers de soleil
Ni tes chants de joie devenir des requiems
J'en suis certaine

The most beautiful country

Our parents died for you
Our heroes offered you their lives
Our tears flowed for you

You belong to us now and tomorrow
We shall never let go of your hand
For you are our most precious land

How many times we hid to mourn you
How many times our hearts bled and burned
Just because you were far and near

I don't want my desert
To turn into a war field
I don't want my sand dunes
To become unthinkable mausoleums
I don't want my green mountains
To witness agonizing ends
And my beautiful azure beaches
Lose their sumptuous embroideries

I tell you all this because we love you
You are engraved in our souls and our DNA
We will never let hate
Settle on your sunsets
Nor your songs of joy become requiems
I am sure of it

Le vent

Pendant que le vent souffle
Et que tu me touches
Les feuilles s'envolent une à une
En virevoltant dans la brume

Je veux que tu t'accroches à moi
Comme un croyant à sa croix
Et que tu murmures dans mon cou
Avec une ferveur qui dit tout

Quand le vent se calme
Que tu caresses mon âme
Les feuilles se posent au sol
Et je sens que je vole

The Wind

While the wind blows
And you touch me
The leaves fly away one by one
Twirling in the mist

I want you to hold on to me
Like a believer holds his cross
And whisper into my neck
With a fervor that says all

When the wind dies down
And you caress my soul
The leaves fall to the ground
And I feel like I'm flying

Horloge

On ne s'est pas vus depuis des années
Comme tu as dû changer
Parles-moi de tout ce que tu as fait
Depuis que nous nous sommes quittés

Tu disais que le temps était le maitre
Et que parfois il pouvait être traite
Tu disais qu'un jour nous serions grands
Et que nous n'aurions plus nos rêves d'enfants

Les années ont passé et je n'ai pas changé
J'écoute toujours ta chanson préférée
Pendant tout ce temps, elle m'a accompagnée
Quand j'étais heureuse et même désespérée

Dis-moi que tu n'as pas changé,
Que la vie t'a gâté
Que l'espoir ne t'a pas quitté
Que l'amour t'a frappé

Clock

We haven't met for years
You must have changed
Tell me about everything you've done
Since we parted

You used to say that time is the master
That sometimes it was a traitor
You used to say that one day we'd be adults
Without our children's dreams

Years have passed, I haven't changed
I still listen to your favorite song
All this time, it was my friend
Whether happy or desperate

Tell me you haven't changed,
That life has spoiled you
That hope hasn't left you
That love has struck you

.

Les choses de la vie

Il y a eu des scandales et des drames
Mais les choses sont redevenues normales
Il y a eu des cris et des larmes
Et pourtant nous avons retrouvé notre calme

Il y a eu des tremblements et des chocs
Que nous avons relevés en bloc
Il y a eu des angoisses et des pertes
Mais les feuilles sont redevenues vertes

Il y a eu des tempêtes et des orages
Mais grandissant était notre courage
Il y a eu nos espoirs et nos désespoirs
Se débattant comme dans une bagarre

Je sais que demain il y en aura d'autres
Ils viendront comme des apôtres
Nous dire que même après la plus longue nuit
Le Soleil se lève et brille

Things of life

There have been scandals and dramas
But things have returned to normal
There have been cries and tears
And yet we've regained our peace

There have been tremors and shocks
That we picked up in a row
There have been anguish and loss
But the leaves turned green again

There have been storms and tempests
But growing was our courage
There have been hopes and despairs
Struggling like in a quarrel

I know that tomorrow there will be others
They will come like apostles
To tell us that even after the longest night
The sun rises and shine

Les grands

Petite, j'admirais les grands
Tant ils semblaient géants
Avec mes yeux d'enfant

Je levais la tête vers les cieux
Pour les regarder dans les yeux
Et écouter leurs mots bleus

Ils ne me voyaient pas
Car rapides étaient leurs pas
Dans cette immense corrida

J'étais pressée de grandir
Car ils savaient lire
Et ils pouvaient écrire

J'ignorais qu'un jour viendrait
Où ils disparaîtraient
Qu'on les pleurerait
Qu'ils nous manqueraient
Et qu'on les aimerait à jamais

Adults

When I was younger, I admired adults
They looked like giants
Through my childish eyes

I would raise my head to the skies
To look into their eyes
And listen to their blue words

They did not see me
Because their steps were fast
In this huge bullfight

I was in a hurry to grow up
For they could read
And knew how to write

I didn't know that a day would come
When they would disappear
That we would mourn them
That we would miss them
And that we would love them forever

Lointain

Si tu m'embrasses tous les matins
Et que tu me touches sans fin
Comme l'on caresse du satin
C'est parce que tu veux mon bien

Si tu ne me lâches pas la main
Et fais disparaître mon chagrin
Même quand je te dis ce n'est rien
C'est parce que tu veux mon bien

Si tu me parles comme un médecin
Et que jamais tu ne te plains
Même quand tu en as besoin
C'est parce que tu veux mon bien

Si je t'offre mes jardins,
Mes fleurs et mes lendemains
Venus d'un pays si lointain,
C'est parce que je veux ton bien

Far away

If you kiss me every morning
And you touch me endlessly
As you'd caress satin
It's because you want what's best for me

If you don't let my hand go
And make my pain disappear
Even when I tell you it's nothing
It's because you want what's best for me

If you talk to me like a doctor
And never complain
Even when you need it
It's because you want what's best for me

If I offer you my gardens
My flowers and my tomorrows
Come from a country so far away,
It's because I want what's best for you

Maintenant

Reste encore un instant
Ne pars pas maintenant
Nous avons tout notre temps
Ensemble on est content

Reste encore un moment
Regardons-nous tendrement
Dans nos yeux nous noyant
En nous enlaçant ou en fumant

Ne pars pas maintenant
Soyons comme des enfants
Joyeux et innocents
Qui ignorent ce qu'est le temps

Donnons vie à nos sentiments
Pour découvrir ce qu'il y a dedans
Ce sera peut-être un roman
Ou un soleil couchant
Tout simplement

Now

Stay a little longer
Don't leave now
We have plenty of time
Together we're fine

Stay for a while
Let's look at each other tenderly
In our drowning eyes
Embracing or smoking

Don't leave now
Let's be like children
Happy and innocent
For whom time is absent

Let's give life to our feelings
To find out what's inside
Maybe it will be love story
Or a setting sun
Simply

Manoir

Hier je me suis arrêtée sur la colline
Qui abritait un beau manoir
Pendant mes années enfantines

Je l'escaladais jusqu'à la cime
Pour l'admirer et le voir
Comme si c'était un film

La dame qui y vivait était si fine
Avec sa robe et ses souliers noirs
Comme elle était divine !

Un homme grand et sublime
Venait la voir tous les soirs
Avec sa démarche masculine

J'imaginais leurs nuits clandestines
Aussi blanches que de l'ivoire
Aussi piquantes que des épines

J'imaginais leurs étreintes intimes
Et les étoiles par milliards
Moi la petite gamine

Le manoir était tombé en ruines
Lorsqu'ils devinrent tous deux vieillards
Et s'éteignirent sur la colline

Manor

Yesterday I stopped on the hill
That housed a beautiful manor
During my childhood years

I climbed it to the top
To admire and watch it
As if it were a movie

The lady who lived there was so fine
With her black dress and shoes
How divine she was!

A tall and sublime man
Used to visit her every night
With his masculine gait

I imagined their clandestine nights
As white as ivory
As prickly as thorns

I imagined their intimate embraces
And the stars by the billions
Me, the little girl

The manor had fallen into ruin
When they both grew old
And died on the hill

Mentor

Maman c'est quoi un mentor ?
C'est est un homme
Grand, beau et fort
Qui te dit qu'il t'adore
Et te donne du réconfort

Ou le trouve-t-on ?

Dans n'importe quelle région
Dans n'importe qu'elle maison
N'importe quelle saison
Dans la plus petite habitation
Ou la plus grande prison

Qu'est-ce qu'il peut faire ?
T'expliquer les éclairs
T'apprendre à être sincère
Te guider quand tu te perds
Ou te dire ce qu'il faut faire

Ou encore t'élever vers le haut
Tracer tes rêves dans du beau
Graver ton nom sur Platon
Et le signer pour de bon

Est ce qu'il a un nom ?
Oui, une lumière
Un cadeau, un don
Un gigantesque néon
Ou même un Pygmalion

Est-ce que tu en as un?
Oui, je tremble quand il m'écrit
Je bafouille quand il me parle
J'ai le tournis quand il me sourit
Comme l'anneau Epsilon
Autour d'Uranus caché dans l'ombre

Mentor

Mom what is a mentor?
It is a man
Tall, handsome and strong
Who tells you that he loves you
And gives you comfort

Where can you find him?
In any region
In any house
In any season
In the smallest organization
Or the biggest prison

What can he do?

Explain lightning and striking
Teach you to be sincere
Guide you when you get lost
Or tell you what to do

Or lift you up
Draw your dreams in beauty
Engrave your name on Plato
And sign it for good

Does it have a name?
Yes, a light
A present, a gift
A gigantic neon
Or even a Pygmalion

Do you have one?
Yes, I shake when he writes to me
I stammer when he talks to me
I get dizzy when he smiles at me
Like the Epsilon ring
Around Uranus hidden in the shadow

Milady

J'aimerai que l'on m'appelle Milady
Et que l'on me salue comme jadis
Avec une révérence et un baisemain
Qui feraient rougir les plus malins

J'aimerai que l'on m'invite à danser
Sur une valse ou un menuet
Comme au temps des chevaliers
Et de leurs éperons dorés

J'aimerais que l'on me fasse la cour
À genoux et sans détour
Les yeux doux et brillants
Le cœur audacieux et vaillant

J'aimerais être la fierté
De celle qui m'a portée
De celui qui m'a aimée
De celui qui m'a créée

Milady

I would like to be called Milady
And be greeted like in ancient history
With a curtsy and a hand kiss
That would make the smartest blush

I would like to be invited to dance
On a waltz or a minuet
As in the time of knights
And their golden spurs

I would like to be courted
On one's knees and without detour
With soft and shining eyes
The heart bold and valiant

I would like to be the pride
Of the one who carried me
Of the one who loved me
Of the one who created me

Millions

J'ai fait un voyage dans l'Univers
Il ressemblait à un vol interplanétaire
Quand tu es venu me ramasser par terre
Et m'a emporté dans les airs

Tu n'as pas regardé en arrière
Tu as démarré en première
Et m'a promis de survoler la Terre
Avec mes habits de lumière

Tu as foncé comme un éclair
Pour fuir toutes leurs chimères
Et me montrer les plus beaux mystères
Dieu ! Comme c'était extraordinaire !

Arrivés dans une belle clairière
Tu m'as déposée comme une cavalière
Où nous étions si loin de l'enfer
Plus riches que des millionnaires

Millions

I made a trip through the universe
It looked like an interplanetary flight
When you picked me off the ground
And took me up in the air

You didn't look back
You took off in first gear
And promised me to fly over the Earth
With my clothes made of pearls

You rushed like lightning
To flee from their false dreams
And show me the nicest mysteries
God! How extraordinary it was!

When we arrived in a beautiful clearing
You set me down like a cavalier
Where we were so far from hell
Richer than millionaires

Mon amie

La nuit est mon amie
Malgré toutes les absences
Elle me parle en silence

La nuit est ma compagnie
Elle est grandiose
Elle dessine même le rose

La nuit est mon récit
Elle est sublime
Elle écrit les plus belles rimes

La nuit est ma fantaisie
Elle est faite de magie
Et le noir soudain brille

La nuit est ma thérapie
Elle guérit mes soucis
Et y pose son vernis

C'est elle qui fabrique ma vie
Éveille mes douces envies
Et fait que je te suis
Jusqu'à l'infini

My friend

The night is my friend
In spite of all its absences
It talks to me in silence

The night is my company
It is grandiose
It even draws roses

The night is my story
It is sublime
It writes the most beautiful rhymes

The night is my fantasy
It is made of magic
Where the dark suddenly shines

The night is my therapy
It heals my worries
Where it puts its varnish

The night weaves my life
Awakens my sweet desires
And makes me follow you
Until the end of you

Morceaux de vie

Bien au chaud dans mon lit
Je fais des insomnies
L'obscurité n'efface pas la nuit
Encore moins l'absence de bruit

Maman, tu n'as pas dormi ?
Non, des morceaux de vie
Ont frappé mon esprit

Qu'est-ce que tu leur as dit ?
Rien, ils m'ont rendu visite
Puis sont repartis

Qu'est-ce qu'ils t'ont pris ?
Rien, ils m'ont juste dit merci
De leur avoir donné la vie

Où est-ce qu'ils habitent ?
Partout, dans un sourire,
Un ciel qui s'assombrit

Est-ce qu'ils font mal ?
Non lorsqu'ils sont banals
Oui lorsqu'ils sont fatals

Pieces of life

Lying in my bed
I have insomnia
Darkness does not erase the night
Let alone the absence of noise

Mom, you didn't sleep
No, pieces of life
Hit my mind

What did you tell them?
Nothing, they visited me
Then they left

What did they take from you?
Nothing, they just said thank you
For having given them life

Where do they live?
Everywhere, in a smile,
A darkening sky

Do they hurt?
No when they are common
Yes when they are fatal

Mon tour

Demain ce sera mon tour
Les anges viendront au lever du jour
Et descendront de leurs nuages
Pour me lire quelques pages

Je les attendrai avec amour
Même si c'est très court
Ils m'ouvriront des paysages
Décorés de beaux présages

Ils me porteront secours
Dans un simple aller-retour
Pour délivrer leurs messages
Avec une joie sauvage

Je les prendrai sans détours
Et danserai comme un troubadour
Quand ils rejoindront leur village
Je me cacherai le visage

Car demain ce sera mon tour
D'être heureuse à la tombée du jour
D'ouvrir mes mains au partage
Et de vivre jusqu'à pas d'âge

My turn

Tomorrow it will be my turn
The angels will come at daybreak
And descend from their clouds
To read me a few pages

I will wait for them with love
Even if it's very short
They will open landscapes
Decorated with beautiful omens

They will help me
In a simple round trip
To deliver their messages
With wild joy

I will take them without detours
And dance like a troubadour
When they reach their village
I will hide my face

Because tomorrow it will be my turn
To be happy at the end of the day
To open my hands to sharing
And live agelessly

Message

Donne-moi une image
Je te donne un message
Pour le ciel, je te donne l'éternel
Pour la terre, je te donne un mystère
Pour le soleil, je te donne une merveille
Pour la lune, je te donne une fortune
Pour la mer, je te donne le bleu et le vert
Pour les saisons, je te donne une chanson
Pour la pluie, je te donne la vie
Pour la paix, je te donne le respect
Pour l'amour, je prie la nuit et le jour

Message

Give me an image
I give you a message
For heaven, I give you infinity
For the earth, I give you a mystery
For the sun, I give you a wonder
For the moon, I give you a fortune
For the sea, I give you the blue and green
For the seasons, I give you a song
For the rain, I give you life
For peace, I give you respect
For love, I pray night and day

Obscurité

Tu as connu tant de nuits solitaires
Toi qui étais l'être le plus cher
Si j'avais su, je me serais transportée
Dans ta solitude et ton obscurité
J'aurais pris mes mains pour te réchauffer
Et mes cheveux pour te caresser
J'aurai pris mes yeux pour te regarder
Et mon souffle pour te raviver
Mais je ne savais pas et je n'étais pas là

Maintenant que je t'ai trouvé
Ne crains pas d'être esseulé
Jamais plus tu n'auras l'obscurité
Ni ses ombres et leur étrangeté
Ni le froid de l'âme isolée
Ni les yeux qui ont trop pleuré
Je n'étais pas là pour te soulager
Alors laisse-moi entrer pour t'aimer
Car je sais que tu m'attendais

Darkness

You've had so many lonely nights
You who were the dearest one
If I had known, I would have entered
Your solitude and darkness
I would have taken my hands to warm you
And my hair to caress you
I would have taken my eyes to look at you
And my breath to revive you
But I didn't know and I wasn't there

Now that I have found you
Don't be afraid of loneliness
Never again will you know the darkness
Nor its shadows and its strangeness
Nor the cold of the lonely soul
Nor the eyes that have cried too much
I was not there to relieve you
So let me in to love you
For I know you were waiting for me

On se retrouvera

Je suis heureuse que tu n'aies pas pleuré
Le jour où le destin m'a emportée
Tu m'as regardée comme si je dormais
Celle qui jamais ne te quittait
Et devant la fenêtre t'attendait
Lorsque des tempêtes s'annonçaient
Celle qui savait panser tes plaies
Juste avec quelques caresses
Des mots tendres et notre paresse
On se comprenait sans parler
Le silence était notre allié
Il était rempli de farandoles
Avec les idées les plus folles
Comme je suis heureuse que tu n'aies pas pleuré
En pensant à moi comme ta petite fée
Car tu sais que là où je vais
Un jour, je te retrouverai

Together again

I'm so happy you didn't cry
The day fate took me away
You looked at me as if I were sleeping
The one who had never left you
And who would wait for you at the window
When storms were raging
The one who healed your wounds
With just a few caresses
Tender words and our laziness
We did not need to speak
Silence was our ally
It was full of farandoles
With the craziest ideas
I'm so happy you didn't cry
Thinking of me as your little fairy
Because you know that wherever I'm going
One day, we'll be together again

Ordinaire

Je suis quelqu'un d'ordinaire
J'adore la terre, la mer,
Les pierres, la stratosphère
Le désert et le système solaire
Je parle à même Jupiter
Et je scrute ses mystères

Je suis quelqu'un d'ordinaire
Je lis Marie-Claire, Baudelaire
Voltaire et Homère
J'aime bien les concerts
En salle ou en plein air
Tant que la musique est légère

Je suis quelqu'un d'ordinaire
Je ne prends pas de grands airs
J'aime les bonnes manières
Et les belles chimères
Je vis dans mon imaginaire
En admirant l'Univers
En solitaire

Ordinary

I am ordinary
I love the land, the sea,
The stones, the stratosphere
The desert and the solar system
I talk to Jupiter
And scrutinize its mysteries

I am ordinary
I read Marie-Claire, Baudelaire
Voltaire and Homer
I like concerts
In a hall or in open air
As long as the music is there

I am ordinary
I don't put on airs
I like good manners
And beautiful dreams
I live in my imagination
And admire the universe
In solo by myself

Oublié

Assise à tes pieds
Tu me racontes un monde oublié
Dans lequel la bergère et son berger
Attendaient le ciel étoilé
Avant d'aller se coucher

Tu dessines les collines et les prés
Où ils se rencontrèrent un beau jour d'été
Entourés de pommiers et de cyprès
Placés exprès pour les protéger

Je lève les yeux vers toi
Pour te questionner sur leur destinée
Mais tu m'as devinée et d'un baiser
Me réponds qu'ils se sont aimés
Jusqu'à la fin de leur dernière journée

Ton histoire fait rêver
A l'ombre des pommiers, je lève les yeux au ciel
En ce début de soirée
En espérant que comme ces bien aimés
Les étoiles seront toujours à nos côtés

Forgotten

Sitting at your feet
You tell me of a forgotten world
In which the shepherdess and her shepherd
Used to waited for the starry sky
Before going to bed

You draw the hills and meadows
Where they met on a fine summer day
Surrounded by apple trees and cypresses
Placed on purpose to protect them

I lift my eyes to you
To ask you about their destiny
But you guessed it and with a kiss
Answer me that they loved each other
Until the end of their last day

Your story makes me dream
In the shade of the apple trees I look up to the sky
In this early evening
Hoping that like these beloved ones
The stars will always be by our side

Ouvrage

Dans une vie on peut faire la liste
De tout ce qui est joyeux et triste
On peut passer en revue des souvenirs
Accumuler des biens et ne jamais s'en servir

Dans une vie on peut partir sans prévenir
Et faire sourire ou faire souffrir
On peut aussi ne rien dire
Et laisser les autres découvrir

Dans une vie on peut raconter un pays
Expliquer ses hommes et ses conflits
Décrire une Nation ou une patrie
Ainsi que ses évêques ou ses émirs

Dans une vie on peut tout décrire
La distance qui nous sépare de nos amis
La communion qui deux âmes unit
Et la beauté du monde à faire pâlir

Au final, je pense qu'il faut tout dire
Que l'on parle de désir ou d'Empire
Il suffit juste de l'écrire
Afin que tout le monde puisse le lire

Hardcover

In a lifetime, we can make a list
Of all that is happy and sad
We can go through memories
Accumulate goods and never use them

In a lifetime, we can leave without warning
And make people smile or cry
We can also say nothing
And let others guess

In a lifetime, we can tell about a country
Explain its people and its conflicts
Describe a nation or a country
As well as its bishops or its emirs

In a lifetime, we can describe everything
The distance between friends
The communion that unites two souls
And the beauty of the world to make you swoon

Finally, I think we should say everything
Whether it's about desires or empires
We only have to write it down
For everyone to read

Paradis

Dis-moi c'est quoi le Paradis ?
Est-ce que c'est l'endroit où l'on rit
Et où tout brille ?

Est-ce que c'est là que l'on oublie
Tout ce qui nous a détruit
Et dont l'on n'a jamais guéri ?

Est-ce que nous y seront surpris
Comme devant un tableau de Dali
Ou la Mer d'Alexandrie ?

Est-ce comme une grande bergerie
Où chacun sera anobli
Pour ce qu'il aura accompli ?

Moi je veux qu'il ressemble à la nuit
Qui m'offre ton regard attendri
Et réponde à toutes mes envies

Paradise

Tell me ? What is Paradise?
Is it a place full of laughter
Where everything shines?

Is it a place where we forget
Everything that destroyed us
And never healed?

Will we be surprised there
Like when we admire a Dali painting
Or the Alexandria Sea?

Is it like a great sheepfold
Where everyone will be honored
For what has accomplished?

I want it to look like the night
Which offers me your tender eyes
And answers all my desires

Parle-moi de toi

Parle-moi de toi
Je ferai n'importe quoi
Pour que tu me révèles
Ce que ton cœur recèle

Raconte-moi ce que j'imagine
Et pourquoi cela me fascine
Dis-moi si ce que je pense
Ressemble à ton silence

Dis-moi si l'on t'a fait souffrir
Et si je peux te guérir
Dis-moi que tu ne vas pas partir
Car je veux te découvrir
Te sentir
T'appartenir

Tell me about you

Tell me about you
I will do anything
So that you reveal
What your heart conceals

Tell me what I imagine
And why it fascinates me
Tell me if what i think
Looks like your silence

Tell me if we made you suffer
And if i can heal you
Tell me that you are not going to leave
Because I want to discover you
Feel you
Belong to you

Nul ne sait

Nul ne sait où nous dormirons ce soir
Certains sur un carton, d'autres à la maison
Nul ne sait si nous rêverons ce soir
Les yeux fermés tournés vers l'horizon

Nul ne sait où nous dormirons ce soir
Sous les étoiles et leur inspiration
Où nous raconterons de belles histoires
Entremêlées d'images et de chansons

Nous serons peut-être assis dans un bar
Autour d'un verre porté par un garçon
Qui nous offrira bulles et glaçons
Sur un manège en forme de papillon

Moi je veux être avec toi
Là où tout est beau et bon
Où être blottie dans tes bras
Sera mon unique raison

No one knows

No one knows where we will sleep tonight
Some on a cardboard box, others at home
No one knows if we will dream tonight
With closed eyes turned towards the horizon

No one knows where we will sleep tonight
Under the stars and their inspiration
Where we will tell beautiful stories
Intertwined with images and songs

Maybe we'll be sitting in a bar
Around a glass brought by a waitresss
Who will offer us bubbles and ice cubes
On a carousel shaped like a butterfly

I want to be with you
Where everything is niceand good
Where being cuddled in your arms
Will be my only reason

Passion

Laisse-moi devenir une émotion
Qui ressemble à ta passion
Comme un cri dans la nuit
Et une douceur inouïe

Laisse-moi devenir celle qui t'éblouit
Même lorsque tout est gris
Et que d'étranges visions
Te caressent à l'unisson

Laisse-moi devenir l'étoile qui luit
Dans l'obscurité infinie
Qui ne dit pas son nom
Mais qui a ses raisons

Laisse-moi être celle qui te sourit
Lorsque nous aurons tout dit
Avec nos silences en fusion
Et nos âmes en adoration

Passion

Let me become an emotion
That looks like your passion
A cry in the night
And an unheard-of softness

Let me become the one who dazzles you
Even when everything is grey
And that strange visions
Caress you in unison

Let me become the star that shines
On the endless darkness
That doesn't say its name
And with its reasons

Let me be the one who smiles at you
When we've said it all
With our molten silences
And our souls in adoration

Pas impossible

Je voudrais t'offrir un café
Quelque part sur les Champs Élysées
Ou encore sous un palmier
Viendras-tu le prendre en bord de Seine
À Marseille, à Ghardaïa ou à Tlemcen
Pourquoi pas sur une terrasse,
Dans un bistrot ou un Palace,
Pourquoi pas au Canada à l'ombre d'un érable
Ou sous un soleil brûlant allongés sur le sable
Pourquoi pas dans une péniche
Où nous ferions semblant d'être riches
Nous pourrions aussi le prendre à Monaco ou à Nice
Et prétendre que nous sommes dans la plus belle des oasis
Moi, je m'en fiche d'être pauvre ou d'être riche
Tant que je suis ta fleur de lys
Ta princesse et ta séductrice
À Paris ou à Memphis
Comme dans les merveilles d'Alice
Ou dans les chansons d'Elvis

Not impossible

I would like to offer you a coffee
Somewhere on the Champs Élysées
Or under a palm tree
Will you take it on the banks of the Seine
In Marseille, Ghardaïa or Tlemcen
Why not on a terrace,
In a bistro or a Palace,
Why not in Canada in the shade of a maple tree
Or under a burning sun lying on the sand
Why not in a barge
Where we would pretend to be rich
We could also take it in Monaco or Nice
And pretend that we are in the most beautiful oasis
I don't care if I'm poor or rich
As long as I am your lillie
Your princess and your seducer
In Paris or in Memphis
Like in the wonders of Alice
Or in the songs of Elvis

Passé présent futur

Une terre sans faim
La vie comme un festin
Nous l'avions

Un triste quotidien
Un espoir sans lendemain
Nous l'avons

Un monde plus humain
Un destin comme un dessin
Nous l'aurons

Un grand jardin
Un lit à baldaquins
Nous y serons

Toi et moi main dans la main
Et des rires joyeux et enfantins
Nous les aurons

Un amour sans fin
Mon cœur dans le tien
Nous le vivrons

Past present future

A land without hunger
Life as a feast
We had it

A sad daily life
A hope without tomorrow
We have it

A more human world
A destiny like a drawing
We will have it

A big garden
A canopy bed
We shall be there

You and me hand in hand
And happy, childlike laughter
We shall have them

A love without an end
My heart in yours
We shall live it

Qui saura

À celui qui saura me dire oui
Quand les autres auront fui
À celui qui caressera mon cœur
Et illuminera chacune de mes heures
À celui qui m'offrira sa lumière
Pour la poser au plus profond de ma chair
À celui qui me dira qu'une étoile
Est plus pâle que ma voix
À celui qui tiendra ma main
Même quand elle n'aura plus rien
À celui qui viendra en courant
Juste pour me donner son temps
À celui qui restera près de moi
Même quand j'aurai mal
À celui qui sourira dans mes yeux
Jusqu'à ce que nous soyons vieux
À celui qui me protègera
Me défendra et m'aimera
Je serais toujours là

Who will know

To the one who'll say yes
When the others have fled
To the one who'll caress my heart
To enlighten each of its part
To the one who'll offer me his light
To fill it deep under my skin
To the one who'll tell me that a star
Is paler than my voice
To the one who'll hold my hand
Even when it's empty
To the one who'll come running
Just to give me his time
To the one who'll stand by me
Even when I'm in pain
To the one who'll smile in my eyes
Until our hair grows white
To the one who'll protect,
Defend and love me
I shall always be here

Remue-ménage

Je lance des paraboles en l'air
Le plus haut possible
Avec pour cible l'atmosphère
Pour qu'elles ne se fracassent guère
Comme des météorites sur Terre

Où iront-elles ?
Elles graviteront comme des cigales
Dans un monde astral
Plus puissantes que Spider Man

Que feront-elles ?
Je veux qu'elles atterrissent
Comme des déesses pacificatrices
Pour mettre fin à toutes les injustices

Pourquoi fais-tu tout cela ?
Pour qu'elles stoppent ce mélimélo
Et nos tristes chaos
Alors,
Notre monde redeviendra beau

Commotion

I throw parables up in the air
As high as possible
With the atmosphere as a target
So that they don't shatter
Like a crater on Earth

Where do you want them to go?
I want them to fly in mayhem
In an orbital world
Stronger than Spider Man

What do you want them to do?
I want them to land
Like peacemaking goddesses
Put an end to all injustice

Why are you doing all this?
So that these superheroes
Stop this mishmash
And our sad chaos
Then
Our world will become beautiful again

Rentre dans mon rêve

Entre dans mon rêve
Et faisons une trêve
Il n'a pas de porte
Et il réconforte

Il est toujours ouvert
Même en hiver
Il ne ferme jamais
Sauf quand tu y es

Entre dans mon rêve
Dis-lui qu'il me soulève
Tu verras ses éclats
Comme dans un opéra

Tu toucheras mon âme
En prose ou en slam
Afin qu'elle se pavane
Comme une étoile qui plane

Tu entendras sa voix
Qui te dira tout bas
Que là où nous irons
Tout sera bon

Enter my dream

Enter my dream
And let's have a break
It has no door
It brings comfort

It's always open
Even in the winter
It never closes
Except when you're in it

Enter my dream
Ask it to lift me
To set me free
Like in a movie

You'll touch my soul
In prose or in slam
So that it hovers
Like a shining star

You'll hear its voice
That tells you softly
That wherever we go
All will be good
.

Rhapsodie

Est-ce que je t'ai dit que tu es le meilleur
Que tu m'as tout donné en plus du bonheur
Que ma vie est remplie de ton cœur
Qui rayonne jusque dans mes pleurs

Est-ce que je t'ai dit qu'avec toi
Je vis une belle histoire
Plus belle que la légende
De la reine qui danse

Est-ce que je t'ai dit que tes mots
Étaient beaux comme un cadeau
Et doux comme un velours
Fabriqué avec amour

Si tu savais ce que tu me fais
Tu me prendrais et me sourirais
Et modestement tu me dirais
Je veux juste t'offrir la Paix
Pour que ta vie soit plus belle
Que la plus belle des aquarelles

Rhapsody

Have i told you that you are the best
That you gave me everything besides happiness
That my life is filled with your heart
That shines through even when I cry

Have I told you that with you
Our story is simply beautiful
More beautiful than the legend
Of the dancing queen

Have I told you that your words
Are as precious as a gift
And as soft as velvet
Made with love

If I told you what you do to me
You'd take me, smile
And modestly tell me
I just want to give you peace
So that your life is more beautiful
Than the most beautiful of watercolours

.

Sans toi

Si je ne t'avais pas connu
J'aurais demandé au temps
De faire marche arrière
Pour te trouver dans le vent solaire

Je l'aurais imploré afin qu'il te cherche
Au-dessus des plus belles mers
Dans les forêts les plus lointaines
Et les plus beaux déserts de pierre

Je l'aurais supplié pour qu'il m'écoute
Et te découvre à l'autre bout de la Terre
Comme le joyau d'un diamantaire
Ou une sonate de Schubert

Si je ne t'avais pas connu
J'aurais demandé au temps
De m'accorder sa pitié
Et de me laisser espérer
Juste pour te trouver

Without you

If I had not known you
I would have asked time
To turn back the clock
To find you in the solar wind

I would have implored it to look for you
Above the most gracious seas
In the most distant forests
And the most beautiful deserts

I would have begged for it listen to me
And discover you at the other end of the earth
Like the jewel of a diamond dealer
Or a sonata by Schubert

If I had not known you
I would have asked time
To grant me its pity
To let me cry
Just to find you

Si l'amour était là

Si tu m'avais aimé
Comment l'aurais-tu fait ?
M'aurais-tu dit
Que je suis ta vie ?
M'aurais-tu regardée
Comme ta petite fée ?
M'aurais-tu proposé la lune
Et sa poussière brune ?
M'aurais-tu prise dans tes bras
Jusqu'à toucher le Nirvana ?

Moi je sais comment je t'aurais aimé
Je n'ai cessé de le rêver
Je l'ai même imaginé
Je t'aurais tout donné
Je t'aurais tout offert
Même si tu étais à terre
J'aurais mis l'endroit à l'envers
J'aurai retourné le Ciel et la mer
J'aurai traversé le désert
Juste pour te le montrer

If love were here

If you had loved me
How would you have done it?
Would you have told me
That I am your everything?
Would you have looked at me
Like your little fairy?
Would you have offered me the moon
And its brown dust?
Would you have taken me in your arms
Until reaching Nirvana?

I know how I would have loved you
I never stopped dreaming it
I even imagined it
I would have given you my all
I would have offered you everything
Even if you were on the ground
I would have turned the upside down
I would have crossed the sky and the sea
The mountains until the desert
Just to show you

Victoire

On s'est connu trop tard
Chacun avec son histoire
Chargée de larmes et d'espoir
Nous étions comme des routards
Qui se croisaient sans se voir
Dans ce grand tintamarre
Nous avancions dans le brouillard
Chacun avec son propre miroir
Sa conscience et sa mémoire
Nos rêves, aussi petits qu'un mouchoir
Et aussi grands qu'une gloire
Ont tracé notre trajectoire

On s'est connu trop tard
Nous vivrons sans nous voir
Fermons les yeux dans le noir
Et faisons semblant de croire
Que tu es ma victoire
Ne serait-ce qu'un soir

Victory

We met too late
Each with our own story
Loaded with tears and hope
We were like hikers
Who crossed each other invisibly
In this huge din
We moved forward in the fog
Each with his own mirror
Consciousness and memory
Our dreams, as small as a tissue
And as big as a glory
Have forged our trajectory

We met too late
We will live without seeing each other
Let's close our eyes in the dark
And pretend to believe
That you are my victory
If only for one night

Si tu le vois

Si tu le vois
Dis-lui que tout va bien
Que même quand j'ai mal
Je ne montre rien
Dis-lui que nos rêves d'autrefois
Vivent encore et iront loin
Sauf qu'ils ne se voient pas
Dis-lui que nos mains
Malgré le froid
Sont douces comme du satin
Et que nos yeux las
Brillent au petit matin
Comme des étoiles
Qui suivent leur destin

If you see him

If you see him
Tell him that I'm fine
That even when I'm in pain
I just cry in the rain
Tell him that our old dreams
Live on and will go far
Although they remain unseen
Tell him that our hands
Despite the cold
Are soft as satin
And our weary eyes
Shine in the morning
Like blazing stars
That follow their destiny

Sourire

Je ne souris plus
Parce que le vide s'est installé
Mon pays est entré dans l'obscurité
Autrefois rempli de gaieté
L'ignorance a remplacé la science
Et a volé notre insouciance
Je ne souris plus
Car les hommes se sont tus
Ils ne cherchent plus le talentueux
Et le plus fructueux
Alors qu'ils ont dans leur intelligence
Ce qui peut leur donner une nouvelle chance
Et les rendre heureux
Je ne souris plus
Car personne n'est intervenu
Quand on a tout vendu,
La beauté, la douceur, l'amour
Qui remplissait nos jours
Quand tu m'as demandé
Si je sourirai à nouveau
Je t'ai répondu : Oui, bien sûr

Smile

I no longer smile
Because the void has set in
My country has gone dark
Once filled with gaiety
Ignorance has replaced science
And stole our cheery spirit
I no longer smile
For men have shut their mouths
They no longer seek the talentuous
And the prosperous
When their intelligence
Can give them another chance
I no longer smile
For no one did nothing
When everything was sold,
The beauty, the sweetness, the love
That filled our days
When you asked me
If I would smile again
I answered: Yes, of course

Substance

Tes mots sont comme un baume
Chacun d'eux calme et guérit
Je les écoute comme des psaumes
Que pour moi tu aurais écrit

Ils me caressent l'esprit
Et se dressent comme des hymnes
Que l'on pourrait chanter
Et qui nous font changer

Ils sont ta volonté et ta beauté
Ils nous parlent de ta réalité
Et nous emportent avec volupté
Là où tout est éternité

Tes mots sont comme un baume
Ils m'invitent dans ton royaume
Où je vivrai comme une invitée
Qui sera choyée, comblée et aimée

Substance

Your words are like a balm
Each one of them soothes and heals
I listen to them like psalms
Written especially for me

They caress my mind
And stand like hymns
That we could sing
To make us change

They are your will and your beauty
They tell us of your reality
And take us with bliss
Where everything is eternity

Your words are like a balm
They invite me into your kingdom
Where I will live as a guest
Who will be spoiled, loved, and blessed

Surprise

Prépare-moi une surprise
Petite ou massive
Tant qu'elle m'électrise
Prépare-moi un vertige
Qui me laisse captive
Sensible et émotive
Prépare-moi une hantise
Où toute folie est permise
Douce, tendre et exquise
Prépare-moi une devise
Celle que le feu attise
Quand l'Amour paralyse

Surprise

I want a surprise
Small or massive
As long as it electrifies
I want to be dizzy
Giddy and captive
Sensitive and weepy
I want to be haunted
With every madness allowed
Sweet, tender and exquisite
Prepare me a saying
The one that fire kindles
When Love paralyzes

Tant que tu es là

Je pourrai vivre dans une cabane en bois
Une tente perdue au milieu du Sahara
Un taudis dans une favela
Un chalet perdu en Himalaya
Une bicoque à Calcutta
Une paillotte à la Costa Brava
Une hutte au fin fonds du Kenya
Une tanière dans la savane

Dans la neige ou au soleil
À la montagne ou à la mer
À la campagne ou dans le désert
Dans un village ou une citadelle
Dans un port ou un embarcadère
Dans les cieux ou sur la Terre
Tant que tu es là
Rien ne m'arrivera

As long as you're here

I could live in a wooden hut
A tent in the middle of the Sahara
A slum in a favela
A chalet lost in the Himalayas
A shack in Calcutta
A hut in the Costa Brava
A shed in the depths of Kenya
A den in the savannah

In the snow or in the sun
In the mountains or by the sea
In the countryside or in the desert
In a village or in a citadel
In a port or in a pier
In heaven or on earth
As long as you are there
Nothing will hurt me

Télescope

Dans le noir on peut tout voir
La lumière d'un ciel blafard
Les souvenirs qui se couchent tard
Les douleurs du désespoir
Les larmes que l'on peut boire
Les regrets comme un miroir
Les peurs comme un rempart
Les questions comme un interrogatoire
Le début et la fin d'une histoire

Dans le noir, on peut tout voir
Tes yeux et ton regard
Ta bouche comme du nectar
Tes mains exploratoires
Ton cœur comme une fanfare
Tes bras comme un boulevard
Tes rêves hallucinatoires
Tes mots comme un Oscar
Ton amour comme une victoire
Comme un heureux hasard
Comme une œuvre d'art

Telescope

In the dark you can see everything
The light of a pale sky
The memories that stay up late
The pains of despair
The tears you can drink
The regrets like a mirror
The fears as a bulwark
The questions as an interrogation
The beginning and the end of a story

In the dark, you can see everything
Your eyes and your gaze
Your mouth like nectar
Your exploratory hands
Your heart like a brass band
Your arms like a boulevard
Your hallucinatory dreams
Your words like an Oscar
Your love like a victory
Like a happy chance
Like a work of art

Tic-tac

Tout ce que je fais me rappelle à toi
Seule, entourée ou dans le noir
C'est toi que je veux voir
Dans la foule ou sur un banc
Assise au café ou en t'attendant
Ce sont tes pas que j'entends
Même quand l'hiver est froid
Et que l'été ne vient pas
Je sens tes bras
Tout ce que je pense vers toi m'attire
Le livre que je fais semblant de lire
La chanson qui tente de me divertir
Je regarde l'heure
Je veux être ailleurs
Tu es le meilleur

Tick-tock

Everything I do reminds me of you
Alone, surrounded or in the dark
It's you I want to see
In the crowd or on a bench
Sitting at the café or waiting for you
It's your footsteps that I hear
Even when winter is cold
And the summer longs to come
I feel your arms
Everything I think draws me to you
The book I pretend to read
The song that tries to entertain me
I look at the time
I want to be somewhere else
You are the best

Toasts et café

Ce matin je prépare le petit déjeuner
Un jus de fruit, des toasts et du café
Tout sera prêt quand tu seras réveillé
Tu le prendras après t'être douché

Tu viendras derrière moi pour m'enlacer
Et dans mes oreilles me murmurer
Que je suis ta belle et ta préférée
En tentant de voler un baiser sucré
Je cacherai que mon cœur a sursauté

Je fermerai les yeux pour te regarder
En me laissant faire et te tenter
De prendre la voie de la volupté
Dans laquelle nous irons fusionner
Je cacherai que mes yeux vont pleurer

Ce matin, je t'attends collée à ta pensée
Pour te dire que tu m'as manqué
Même si nous n'étions jamais séparés
Même si nous traverserons l'éternité
Je cacherai que suis la plus fortunée

Toast and coffee

This morning I'm preparing breakfast
Fruit juice, toast and coffee
Everything will be ready when you wake up
You'll take it after your shower

You'll come up behind me, hug me
And whisper softly
That I am your beautiful and your favourite
Trying to steal a sweet kiss
I'll hide that my heart's thumping

I'll close my eyes to look at you
Letting myself go to tempt you
To take the path of voluptuousness
In which we shall merge
I'll hide that I'm about to cry

This morning I'm sticking to your thoughts
To tell you that I missed you
Even if we were never apart
Even if we shall cross eternity
I'll hide that I'm the luckiest

Toujours là

Comme la rose et son rosier
La cerise et son cerisier
L'olive et l'olivier
Je reste accrochée à toi

Comme la mer et son écume
Le brouillard et sa brume
Le désert et ses dunes
Je reste accrochée à toi

Comme le soleil et ses rayons
La lune et ses révolutions
Les étoiles et leurs illuminations
Je reste accrochée à toi

Comme le ciel et ses nuages
La branche attachée à l'arbre
La neige et ses montagnes
Je serai toujours là

Always here

Like the rose and its rosebush
The cherry and its cherry tree
The olive and its olive tree
I'm holding on to you

Like the sea and its foam
The fog and its mist
The desert and its dunes
I'm holding on to you

Like the sun and its rays
The moon and its revolutions
The stars and their illuminations
I'm holding on to you

Like the sky and its clouds
The branch attached to the tree
The snow and its mountains
I'll always be here

Souviens-toi

Souviens-toi de notre petite maison
Où ont grandi nos garçons
De saison en saison

Souviens-toi de son salon
Où le soir nous nous installions
Pour partager nos visions

Souviens-toi de son jardin
Où tu me prenais la main
Pour cueillir ce fabuleux jasmin

Je n'oublierai jamais
Combien mes yeux pleuraient
Quand tout tu me promettais

Je n'oublierai jamais
Combien mon cœur battait
Quand tu disais que tu m'aimais

Remember

Remember our little house
Where our boys grew up
Season after season

Remember its living room
Where we sat in the evening
To share our visions

Remember its garden
Where you took my hand
To pick that fabulous jasmine

I will never forget
How my eyes wept
When you promised me everything

I will never forget
How my heart beat
When you said you loved me

Tout partager

C'est fou comme on peut tout partager
Il suffit d'un peu de volonté
Pour que tout change
Et fasse la différence
On peut partager les mots
Qu'ils soient doux ou beaux
Ils vous relèveront avec espoir
Comme le son d'une guitare
On peut partager la chaleur
Celle qui donne le bonheur
Qui vous étreint dans le bien
Et vous laisse serein
On peut partager le silence
Qui se transforme en récompense
Lorsqu'il devient une histoire
Aussi belle qu'un Renoir
On peut partager les regards tard le soir
Quand on a le cafard
Et les laisser se croiser avec volupté
Pour commencer à s'aimer

Share everything

It's amazing how much you can share
All it takes is a little willpower
For everything to change
And make a difference
We can share words
Whether they are sweet or beautiful
They will lift you up with hope
Like the sound of a guitar
We can share warmth
The one that gives happiness
That cuddles you with bliss
And leaves you in peace
We can share the silence
That turns into a reward
When it becomes a story
As beautiful as a Renoir
We can share the late night looks
When you're feeling blue
And let them meet with pleasure
To begin to love each other

Un peu de prose

Je ne demandais pas beaucoup
Juste un petit peu de tout
Même si ma gorge se noue
Et que tout devient flou

Je voulais juste te regarder
Quand tu es égaré
Je voulais juste te soulager
Quand tu es abîmé
Je voulais juste t'enlacer
Quand tu es blessé
Je voulais juste te caresser
Quand tu es fatigué
Je voulais juste t'embrasser
Quand tu es esseulé

Je ne voulais pas grand-chose
Juste t'écrire un peu de prose
Pour te faire voir la vie en rose

A little prose

I wasn't asking for much
Just a little bit of everything
Even if my throat gets tied
And everything turns blurred

I just wanted to look at you
When you are lost
I just wanted to relieve you
When you're damaged
I just wanted to hold you
When you are hurt
I just wanted to caress you
When you are tired
I just want to kiss you
When you're lonely

I didn't want much
Just to write you some prose
To make you see life like a rose

Univers

Des années et des siècles sont passés
Des millénaires et des années lumières
Nous ont exaltés et passionnés
Des météorites se sont écrasées
Des comètes se sont vaporisées
Des supernova se sont effondrées
Des étoiles sont nées et ont filé
Des trous noirs ont été dévoilés
Des aurores ont été observées
Des aubes se sont levées
Des mers se sont asséchées
Des montagnes ont tremblé
Des volcans ont explosé
Et moi je t'ai rencontré

Universe

Years and centuries have passed
Millennia and light years
Have excited and thrilled us
Meteorites have crashed
Comets have vaporized
Supernovas have collapsed
Stars were born and died
Black holes have been revealed
Auroras have been observed
Dawns have risen
Seas have dried up
Mountains have shaken
Volcanoes have exploded
And I met you

Vertiges

M'aimeras-tu comme je le veux
Avec une flamme dans les yeux
Bras dessus bras dessous
Avec des rires un peu fous

M'aimeras-tu comme je le souhaite
En pensant à moi comme une fête
Dans laquelle rien n'est flou
Et où l'on va jusqu'au bout

M'aimeras-tu comme je le rêve
La tête comme dans un manège
Les jambes ne tenant plus debout
Comme un voyage à Tombouctou

M'aimeras-tu comme je l'ai prié
Tes bras tendrement enlacés
Nos cœurs pour toujours scellés
Et les étoiles pour nous protéger

Vertigo

Will you love me like I want
With a flame in the eyes
Arm in arm
With laughter and giggles

Will you love me the way I want
Thinking of me like a party
Where nothing is fuzzy
And we go all the way

Will you love me like I dream
My head like a merry-go-round
My legs wavering
Like a trip to Timbuktu

Will you love me like I prayed
Your arms tenderly entwined
Our hearts forever sealed
And the stars here protecting us

Va-et-vient

Raconte-moi ta vie
Tes bonheurs, tes soucis
Tes longs moments d'ennui
Passés seul dans ton lit

Dis-moi si ton chemin
A rencontré le bien
Ou si ton quotidien
A fait trembler tes mains

Lis-moi tous tes récits
Écris seuls dans le bruit
Quand tu étais petit
Les yeux endoloris

Peut-être que demain
Tu seras déjà loin
Mon cœur lié au tien
Dans un lent va-et-vient

Back and forth

Tell me about your life
Your joys, your anxieties
Your long monotony
Spent alone in your bed

Tell me if your path
Crossed the one of good
Or if your daily life
Made your hands quiver

Read me all your stories
Written alone in the noise
When you were younger
With your eyes aching

Maybe tomorrow
You'll be far away
My heart attached to yours
In a slow back and forth

Volons

J'ai un tapis volant, tu viens ?
Écoutons le son de là où il n'y a rien
Entrons dans les maisons où personne ne vient
Volons des étoiles pour décorer nos yeux
Pour que tu me regardes comme si j'étais Dieu
Volons de la poussière de lune
Pour saupoudrer nos nuits
Volons un peu de soleil
Pour couvrir nos sourires

Moi, j'ai volé ton cœur
Pour te montrer ma passion
En espérant qu'il m'aidera
À rester celle qui te chérira
Qui t'aimera et t'appartiendra
Et qui sera toujours à toi

Let's fly

I got a flying carpet, are you coming?
Let's listen to the sound of where there is nothing
Let's enter the places where no one comes
Let's steal stars to decorate our eyes
So that you look at me as if I were your Goddess
Let's steal some moon dust
To sprinkle on our nights
Let's steal some sunshine
To cover our smiles

I stole your heart
To show you my passion
Hoping it will help me
To remain the one who will cherish you
Who will love and belong to you
And who will always be yours

.

Vrai

La manière dont on se parle
Est une chose rare
Parce qu'aucun de nos mots
Ne sonne faux

Quand tu m'expliques
Que le monde est magique
J'écarquille les yeux
Et j'en reveux

La manière dont on se regarde
C'est comme se voir dans un miroir
Car nos yeux vont dans la même direction
Avec fougue et passion

Quand tu me déshabilles des yeux
Et que mes mains te veulent
Je veux te montrer tout
Même ce qui est flou

La manière dont on s'aime
N'a rien d'ordinaire
Nous vivons ce que nous imaginons
Et nous imaginons ce que nous voulons

Real

The way we talk to each other
Is something rare
Because none of our words
Sounds wrong

When you tell me
That the world is magic
I open my eyes
And I want more

The way we look at each other
Is like looking in a mirror
Cause our eyes are in one direction
With ardor and passion

When you undress me with your eyes
And my hands want you
I want to show you everything
Even what's fuzzy

The way we love each other
Is not ordinary
We live what we imagine
And we imagine what we want

Incroyable mais vrai

Je savais que lorsque j'arriverai
Dans cet endroit appelé la Terre
Des choses merveilleuses m'y attendraient

C'est inscrutable mais vrai
Jay ai trouvé de l'air
Du soleil et de la lumière

Je pouvais me servir sans compter
Des sources inépuisables de beauté
Qui ne demandaient qu'à être appréciées

C'est incroyable mais vrai
J'y ai trouvé des rivages, des mers
Et des océans somme toute insensés

Je pouvais m'y baigner
Ou simplement les regarder
Jusqu'à en avoir le souffle coupé

C'est incroyable mais vrai
Il y avait le ciel, qui quand je l'admirais,
Me disait qu'un jour, il m'inviterait

Unbelievable but true

I knew that when I would arrive
In this place called Earth
I'd see wonderful things

Unbelievable but true
I found air
Water and light

I could help myself without counting
Endless sources of beauty
Waiting to be enjoyed

Unbelievable but true
I found shores, seas
And oceans that left me dazed

I could bathe in them
Or just marvel at them
Speechless and breathless

Unbelievable but true
There was the sky, which whispered
That one day, it would invite me

Conte de fée

On m'a dit que tu me cherchais
Comme un coureur essoufflé
Qui ne sent même plus ses pieds
Et qui est prêt à tomber

Il parait que ta quête effrénée
Ne pouvait pas s'arrêter
Ce serait comme respirer
Dans un monde inanimé

Il parait que tu as chuté
En voulant me retrouver
Dans cette grande immensité
Où l'espoir est éclairé

Lorsque tu m'as enfin trouvée
La douleur s'est envolée
Je t'ai regardé bouché bée
Comme dans un conte de fée

Fairy Tale

I was told you were looking for me
Like a breathless runner
Who can't even feel his feet
And is ready to fall

It seems that your frantic quest
Could never stop
It would be like breathing
In an inanimate world

I was told that you fell
Trying to find me
In this great immensity
Where hope is lit

When you finally found me
The pain suddenly vanished
I looked at you eyes wide open
Like in a fairy tale

Révolution

Personne ne peut empêcher
Le temps de passer
L'Univers de rester caché
Le monde d'exister
Les étoiles de filer
Le soleil de briller
La lune de se coucher
La Terre de tourner
La lumière de se déplacer
Le vent de souffler
Les nuages de gonfler
La pluie de tomber
Les feuilles de s'envoler
Les oiseaux de chanter
Et moi de rêver de liberté
D'amour et de beauté

Revolution

No one can prevent
Time from going by
The Universe from hiding
The world from existing
The stars from spinning
The sun from shining
The moon from setting
The Earth from turning
The light from moving
The wind from blowing
The clouds from swelling
The rain from falling
The leaves to flying
The birds from singing
And me from dreaming of freedom
Love and beauty

www.ingramcontent.com/pod-product-compliance
Lightning Source LLC
Chambersburg PA
CBHW050144170426
43197CB00011B/1957